ラクに楽しく1時間

小学校 ラクイチ 授業プラン

中学年

ラクイチ授業研究会 編

G学事出版

まえがき

　この本は、「ラクに楽しく1時間」をコンセプトにした、これまでにないタイプの授業プラン集です。ラクイチ中学シリーズに続いての刊行になります。

　教師生活をしていくと、明日の授業準備が追いつかない、次の1時間を何とか乗り切らなければならない、といったピンチに陥ることがあります。原因は様々ですが、急に授業の代行をお願いされた、保護者対応や生徒指導に時間をとられてしまった、行事に追われて忙しい、などの理由があります。ただでさえ、ほとんどの教科を担任が教えている小学校教諭は、このピンチに陥ることが多いのではないでしょうか。

　本書で紹介している「ラクイチ授業プラン」は、まさにこのような場合にうってつけのものばかりです。準備の手間は少なく、様々な切り口から1時間を実りあるものにできる授業プランを集めてあります。全国の先生方にお声がけし、授業案とワークシートを持ち寄り、議論、校正を重ねたものです。ラクイチ授業プランの条件は以下の3つです。

1　1時間で完結する
2　準備に時間がかからない
3　誰でも実践できる

　この授業プランは、単に急場をしのぐだけではなく、もっと積極的な使い方もできると考えられます。例えば、教科書での学習を終えた後に発展課題や理解の確認として活用する、まとめに取り入れる等、様々な場面で使うことができます。

　本書の役割は主に2つに分けることができます。

　1つは、「非常食」としての役割です。普段は職員室に置いておき、いざ時間がない、となればこの本を開いて、使えそうな授業プランを探してみてください。何かヒントになるはずです。また、いくら急場をしのぐプランとはいえ、先生も児童も笑顔で1時間を過ごし、授業のねらいが達成できるならば、それに越したことはありません。そのような気持ちで著者一同執筆しています。いわば「おいしい非常食」を目指したつもりです。

　もう1つは「レシピ集」としての役割です。本書に載せている授業プランは、あくまで一例。掲載された事例を参考にしながら、さらにアレンジを加えることができます。学事出版のホームページからワークシートのデータをダウンロードして、先生方のクラスの実態に合わせて編集をして使っていただけます。そして、全く新しい料理（授業）を創作することも可能です。

　毎日の1時間を実りある物にしていくことはもちろん大切ですが、それと同じくらい教師が授業を楽しむことも大切だと考えています。本書に載っている授業プランには児童の豊かな発想を表現するものが多くあります。そんな発想を楽しむゆとりをもっていただけたらと思っています。

　校種を越えたラクイチの輪がさらに広がっていくことを願い、まえがきとさせていただきます。

ラクイチ授業研究会　小学校代表　田中　直毅

本書の使い方

タイトル

授業の概要とねらい

教 科

ページ

国
語
8

① 空白の４コマまんが

４コマまんがを活用して物語を作る活動です。２コマ目と４コマ目の空白に合うような場面を創作してオリジナルストーリーに仕上げます。書きたい物語を考え、適切な順番で表現する力をつけます。

準備するもの	教師：ワークシート　児童：色鉛筆

準備するもの：
ワークシートは右ページを印刷して使うか、ダウンロードして使ってください

00分　ワークシートを配り、趣旨を説明する

▶このヘビは何をしているのでしょうか
> 散歩をしています

▶今日は、このヘビがこのあとどうなるのかを物語にしましょう

タイムライン：
45分の授業の流れを示しています
目安にしてください

05分　作品を制作する

▶右に文を書きます
▶セリフを書きたいときは、絵のなかに吹き出しをかいてもいいですよ
> 私、絵が苦手なんですけど…

▶絵の上手い下手は気にしなくていいよ

30分　グループで読み合う

> じゃあぼくから読むね

教師の声かけ例を示しています
吹き出しは生徒の発言例です

活動内容：
教師・児童の活動を示しています

👨‍🏫…教師が行うこと

🧑…児童個人で行う活動

👥…グループで行う活動

40分　ギャラリーウォークで共有する

45分

▶完成した作品をみんなで見せ合いましょう

ポイント：
授業を行う上での注意点や展開例をまとめています

ポイント

・早くできた児童には枠だけのワークシートを渡し、初めから創作させてもよいでしょう。

●参考文献・先行実践
　ラクイチ授業研究会編『中学国語ラクイチ授業プラン』（学事出版、2017年）

参考文献・先行実践

小学校ラクイチ授業プラン《中学年》
―もくじ―

1章
国語
7

2章
社会
35

本書でよく使われる活動

●ギャラリーウォーク〔準備物：小さいマグネット（人数分）〕

手　順
・完成した作品を、マグネットを用いて黒板に貼っていく。
・児童は自由に見てまわる。

アレンジ
・マスキングテープなどを利用し、教室の壁や廊下に貼っていく。広めのギャラリーウォークになる。
・机の上に置いておき、見てまわるだけでもよい。

フォレスタネットとのコラボレーション
―本書が生まれた経緯―

　本書は「授業準備のための情報サイト　フォレスタネット」の全面協力の下、生まれました。「フォレスタネット」は全国の先生方が指導案や授業展開、生徒指導の工夫などのアイデアを共有することで、普段の授業準備の効率化を図る、日本最大級の教育実践共有サイトです。この「フォレスタネット」と、学事出版の「ラクイチシリーズ」のコンセプトが合致したことから、今回の企画がスタートしました。

　本書を作るにあたり、フォレスタネットで活躍されていて、「ラクイチ」のコンセプトに賛同してくださった先生方に、授業案やワークシートの執筆をお願いしました。そのなかでたくさんの授業案を考えてくださった田中直毅先生には、小学校編の執筆代表を引き受けていただきました。また、「フォレスタネット selection シリーズ（フォレスタネットに投稿された実践をまとめた書籍、スプリックス社）」に掲載された実践のなかから、投稿者の先生にご協力いただき、本書用にアレンジした授業案も載せています。執筆者の先生や授業案をご提供くださった先生は、フォレスタネットに日々の実践を投稿し高い支持を得ている方々ばかりです。

　本書の製作に協力してくださった先生方、島貫良多さんをはじめとするフォレスタネットの関係者のみなさまにお礼を申し上げます。

ラクイチ授業プラン 監修　関　康平

フォレスタネット▶

「ラクイチ授業プラン」特設ページについての紹介は 68 ページをご覧ください。

1章

国語

① 空白の４コマまんが

　４コマまんがを活用して物語を作る活動です。２コマ目と４コマ目の空白に合うような場面を創作してオリジナルストーリーに仕上げます。書きたい物語を考え、適切な順番で表現する力をつけます。

準備するもの　教師：ワークシート　児童：色鉛筆

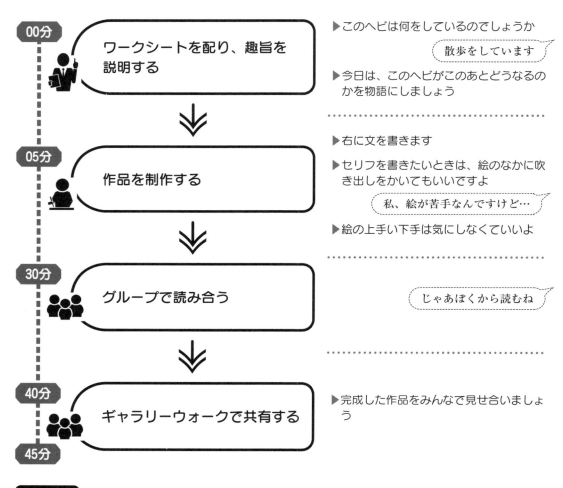

00分　ワークシートを配り、趣旨を説明する

▶このヘビは何をしているのでしょうか

　散歩をしています

▶今日は、このヘビがこのあとどうなるのかを物語にしましょう

05分　作品を制作する

▶右に文を書きます

▶セリフを書きたいときは、絵のなかに吹き出しをかいてもいいですよ

　私、絵が苦手なんですけど…

▶絵の上手い下手は気にしなくていいよ

30分　グループで読み合う

　じゃあぼくから読むね

40分　ギャラリーウォークで共有する

▶完成した作品をみんなで見せ合いましょう

45分

ポイント

・早くできた児童には枠だけのワークシートを渡し、初めから創作させてもよいでしょう。

●参考文献・先行実践
　ラクイチ授業研究会編『中学国語ラクイチ授業プラン』（学事出版、2017年）

空白の４コマまんが

組（　　）　番号（　　）　名前（　　　　　　　　　　　）

◆絵を見て、お話を考えましょう。

◆２コマ目、４コマ目のお話を考えましょう。

② つなぎ言葉作文

「だから」「しかし」など接続詞が使えるようになると文章が読みやすくなり、内容が伝わりやすくなります。このワークシートでは、接続詞には様々な種類があることを知り、積極的に使うことを促す活動をします。

準備するもの	教師：ワークシート

00分 趣旨を説明する
▶「今日は遊園地に行きました。そして、乗り物で遊びました。そして、雨が降ってきました。そして、帰りました」。聞いてみてどうですか

「そして」というつなぎ言葉が多いです

05分 ワークシートを受け取り、1つ目の課題をする
▶今日は、いろいろなつなぎ言葉を使う練習をしましょう

▶「今日は遊園地に行った。」に続く文を考えましょう

15分 全体で文を発表する

今日は遊園地に行った。つまり、休日だったということだ

25分 2つ目の課題をする
▶次は、つなぎ言葉だけが書いてあります。上の文は同じものを考えましょう

▶早く終わった人は、別のつなぎ言葉でも考えてみましょう

40分 全体で文を発表する

ぼくはケーキが好きだ。さらに、ドーナツも好きだ

45分

ポイント

・ワークシート以外のつなぎ言葉の例…それで、このようなことから、そのため、そして、けれども、でも、あるいは、それとも、それに、または、あるいは、ところで、さてなど。

● 参考文献・先行実践
松山英樹ほか『小学校国語　つまずきのポイントを一日で攻略』（育鵬社、2013年）

文作接続きなつ

組（　　　） 番号（　　　） 名前（　　　　　　　　　）

◆「今日は遊園地に行った。」に続けましょう。

① 今日は遊園地に行った。だから、（　　　　　　　　　　　）。

② 今日は遊園地に行った。しかし、（　　　　　　　　　　　）。

③ 今日は遊園地に行った。なぜなら、（　　　　　　　　　　　）。

④ 今日は遊園地に行った。さらに、（　　　　　　　　　　　）。

⑤ 今日は遊園地に行った。つまり、（　　　　　　　　　　　）。

◆上の文は同じにしてしましょう。

① （　　　　　　　　　）。だから、（　　　　　　　　　）。

② （　　　　　　　　　）。しかし、（　　　　　　　　　）。

③ （　　　　　　　　　）。なぜなら、（　　　　　　　　　）。

④ （　　　　　　　　　）。さらに、（　　　　　　　　　）。

⑤ （　　　　　　　　　）。つまり、（　　　　　　　　　）。

③ カタカナを漢字にしよう

　漢字辞典の使い方を練習する活動です。「音訓索引」「総画索引」「部首索引」の３つの索引を自在に使えるように条件を付けています。オリジナルの熟語ができていくと面白くなります。

準備するもの	教師：ワークシート　児童：漢字辞典

00分　趣旨を説明する
▶（加須底羅と板書して）これはみなさんがよく知っている食べ物です
　　カステラ？
▶外国から入ってきた言葉には漢字がないので、読み方にあった漢字を当てはめていました

05分　問題を解く
▶ワークシートの漢字は何と読むでしょう

10分　全体で答え合わせをする
　　全部合ってた！

15分　制作を開始する
▶自分たちでも条件に合うように漢字を創作しましょう
▶漢字辞典を使って、まだ学習していない漢字を使ってもよいです
▶早くできた人は、自分でカタカナと条件を考えて作ってみましょう

40分　ギャラリーウォークで共有する
▶完成した作品をみんなで見せ合いましょう

45分

ポイント

・問題の答え　　　1：アメリカ　2：トルコ　3：コンペイトウ　4：キリシタン
　　　5：チョコレート　6：バケツ　7：メキシコ
・漢字にするカタカナの例…パソコン、テレビ、ベランダ、ロフト、エアコン

カタカナを漢字にしよう

組（　　　　）　番号（　　　　）　名前（　　　　　　　　　　）

	漢字	カタカナ		漢字	カタカナ
例	加須底羅	カステラ	4	切支丹	
1	亜米利加		5	貯古齢糖	
2	土留古		6	馬穴	
3	金平糖		7	女喜志古	

◆漢字辞典を使って、カタカナに合う字を考えましょう。

◆条件に合った字を使いましょう。

◆必ず、漢字辞典に載っている読み方を使いましょう。

	カタカナ	漢字	条件
例	ロケット	露決止	３文字で
1	チャリン		なし
2	キムチ		３文字で
3	ビンゴ		「ごんべん」の漢字を使う
4	ボウリング		全部で２２画以内
5	マイマイ		同じ漢字を使ってはだめ
6	フライドチキン		「まだれ」「しんにょう」の漢字を使う

 **似ている言葉を比べよう**

海と湖など、よく似た言葉の意味の違いについて考える活動です。絵で表現したり辞書を引いて比べたりすることで、言葉のイメージを豊かなものにします。また、微妙な違いに注目することで、言葉への関心を高める機会とします。

準備するもの | 教師：ワークシート　児童：国語辞典

00分 ワークシートを配り、趣旨を説明する

▶海と湖はどう違いますか？

> 塩辛いのが海！
> 陸に囲まれているのが湖！

▶このように似ているけれど違う言葉がたくさんありますね

05分 似ている言葉を探す

▶まずは似ていると思う言葉を挙げてみましょう

▶順に発表してください

15分 制作を開始する

▶何が違うのか最初に予想を書いてみましょう

▶辞書で違いを調べてみましょう

▶絵も描いてみましょう

35分 ギャラリーウォークで共有する

▶みんなが調べた似ている言葉を見せ合いましょう

> なるほど、こう違うのか！

45分

ポイント

・似ている言葉の例：池／湖、元旦／元日、クッキー／ビスケット、辞典／事典、蛾／蝶、など。

・ものの名前だけでなく、飛ぶ／跳ぶ、開ける／空ける、直す／治す、始め／初め、など漢字の使い分けに注目させる活動にしてもよいでしょう。

・クラス全員で「似ている言葉図鑑」を作るのも楽しい活動です。

●参考文献・先行実践
おかべたかし文　やまでたかし写真『似ていることば』（東京書籍、2014年）

似ている言葉を比べよう

組（　　　）　番号（　　　）　名前（　　　　　　　　　）

◆似ている言葉を探して書いてみましょう。

＜例＞海と湖

◆テーマを決めて、比べてみましょう。

言葉【　　　　　　　　　　　　】　　言葉【　　　　　　　　　　　　】

＜絵＞　　　　　　　　　　　　　　　＜絵＞

（予想）

（説明）

（予想）

（説明）

⑤ 国語辞典クイズ

　3年生で学習する国語辞典の使い方について、クイズ形式で交流しながら活動します。国語辞典に掲載されている用語とその意味からクイズを出題することによって、楽しみながら自然に国語辞典の書きぶりや使い方を身につけていく機会となります。

準備するもの 教師：ワークシート、国語辞典　児童：国語辞典

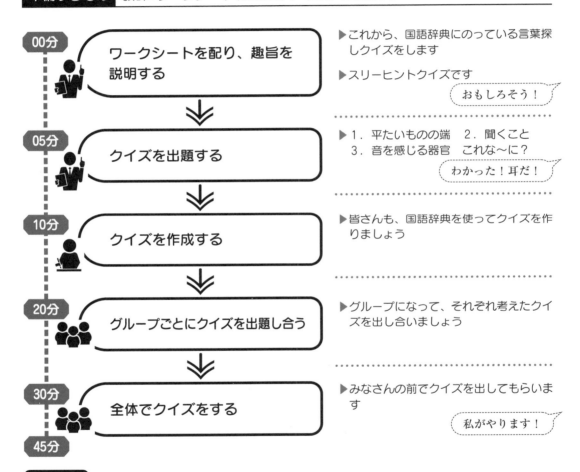

00分
ワークシートを配り、趣旨を説明する

▶これから、国語辞典にのっている言葉探しクイズをします

▶スリーヒントクイズです

おもしろそう！

05分
クイズを出題する

▶1．平たいものの端　2．聞くこと　3．音を感じる器官　これな〜に？

わかった！耳だ！

10分
クイズを作成する

▶皆さんも、国語辞典を使ってクイズを作りましょう

20分
グループごとにクイズを出題し合う

▶グループになって、それぞれ考えたクイズを出し合いましょう

30分
全体でクイズをする

▶みなさんの前でクイズを出してもらいます

私がやります！

45分

ポイント

・国語辞典は語彙数がかなり多いので、難しいようであれば範囲を「あ」から始まる言葉などに絞り、そこから子どもたちが答えを選んで取り組むようにします。
・みんなが知っているけれど意外な意味のある言葉や、複数の意味をもつ言葉などを選ぶように促すと、クイズ作りが楽しく活動できるようになります。

●参考文献・先行実践
　桂聖編著　授業のユニバーサルデザイン研究会沖縄支部著『教材に「しかけ」をつくる国語授業10の方法　説明文アイデア50』（東洋館出版社、2013年）

国語辞典クイズ

◆国語辞典にのっている言葉の意味をヒントにしながら、ストーリークイズを当ててみましょう。

《クイズ1》

（ヒント1）

（ヒント2）

（ヒント3）

正かいは…

《クイズ2》

（ヒント1）

（ヒント2）

（ヒント3）

正かいは…

⑥ 俳句絵日記

　思い出に残った場面を俳句にして書き、その情景を絵で表す活動です。俳句に書き表すことで日本の文化に触れるとともに、要点に絞って書き表すことを学ぶ機会とします。

準備するもの	教師：ワークシート　児童：色鉛筆

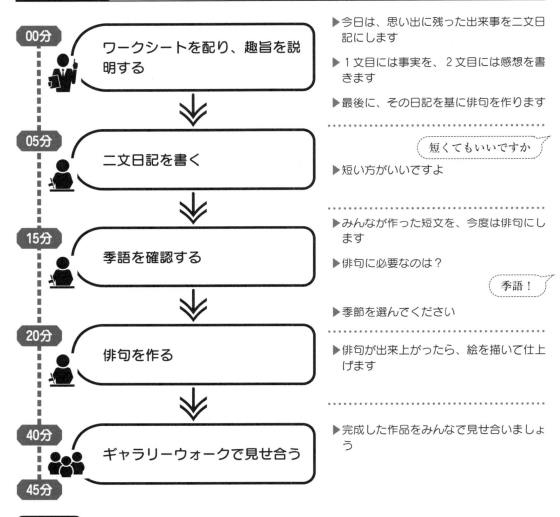

00分　ワークシートを配り、趣旨を説明する

▶今日は、思い出に残った出来事を二文日記にします

▶１文目には事実を、２文目には感想を書きます

▶最後に、その日記を基に俳句を作ります

05分　二文日記を書く

短くてもいいですか

▶短い方がいいですよ

15分　季語を確認する

▶みんなが作った短文を、今度は俳句にします

▶俳句に必要なのは？

季語！

▶季節を選んでください

20分　俳句を作る

▶俳句が出来上がったら、絵を描いて仕上げます

40分　ギャラリーウォークで見せ合う

45分

▶完成した作品をみんなで見せ合いましょう

ポイント

・文や俳句がなかなか書き出せない児童には、絵を描かせることでイメージがわきやすくなり、取り組みやすくなります。

●参考文献・先行実践
井出一雄編著『言葉で考えまとめる国語の学び方』（東洋館出版社、2011年）

俳句絵日記

組（　　　）　番号（　　　）　名前（　　　　　　　　　）

◆思い出に残ったできごとを、絵と文、そして俳句に表しましょう。

＜思い出の絵＞

《ここで一句》
季節は…（　　　　）

《感想》

《事実》

⑦ 登場人物なりきり日記

　物語の登場人物になりきって、お気に入りの場面の絵日記を書く活動です。文章から心情を読み取ったり挿絵と呼応させたりしながら日記を書くことで、作品をより深く味わったり心情理解を学ぶ機会とします。

準備するもの　教師：ワークシート　児童：色鉛筆

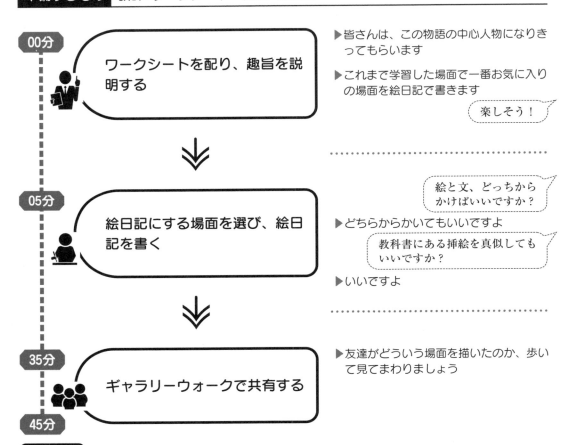

00分

ワークシートを配り、趣旨を説明する

▶皆さんは、この物語の中心人物になりきってもらいます

▶これまで学習した場面で一番お気に入りの場面を絵日記で書きます

楽しそう！

05分

絵日記にする場面を選び、絵日記を書く

絵と文、どっちからかけばいいですか？

▶どちらからかいてもいいですよ

教科書にある挿絵を真似してもいいですか？

▶いいですよ

35分

ギャラリーウォークで共有する

▶友達がどういう場面を描いたのか、歩いて見てまわりましょう

45分

ポイント

・自分のお気に入りの場面を選ぶことで感情移入しやすくなり、かき出しもスムーズにいきます。

・挿絵がない場面を選んだ児童には、その場面にふさわしい挿絵を想像しながら取り組ませます。

・毎時間のまとめとして取り組み、最後に1冊の絵日記集を作る方法もあります。

●参考文献・先行実践
小貫悟・桂聖『授業のユニバーサルデザイン入門』（東洋館出版社、2014年）

登場人物なりきり日記

組（　　　）　番号（　　　）　名前（　　　　　　　　　）

◆これまで学習した場面の中で、一番お気に入りの場面を絵日記で表しましょう。

＜お気に入りの場面の絵＞

					〈日記〉	〈題〉

8 画数足し算

　熟語の画数を使った活動を通して漢字の習熟を図ることができます。辞書を活用することもできるので辞書引きの練習としても取り組むことができます。

| 準備するもの | 教師：ワークシート |

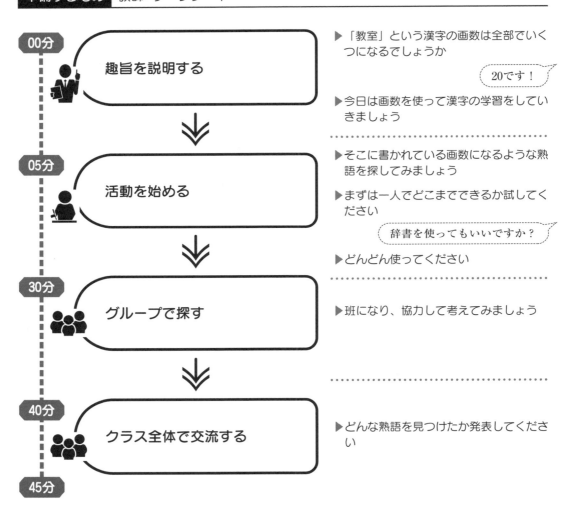

00分　趣旨を説明する

▶「教室」という漢字の画数は全部でいくつになるでしょうか

　　20です！

▶今日は画数を使って漢字の学習をしていきましょう

05分　活動を始める

▶そこに書かれている画数になるような熟語を探してみましょう

▶まずは一人でどこまでできるか試してください

　　辞書を使ってもいいですか？

▶どんどん使ってください

30分　グループで探す

▶班になり、協力して考えてみましょう

40分　クラス全体で交流する

▶どんな熟語を見つけたか発表してください

45分

ポイント

・辞書がすぐに使える環境を整えておくと、スムーズに活動ができます。
・漢字ドリルや国語の教科書も併せて活用すると、語彙力アップにつながります。

画数足し算

組（　　　）　　番号（　　　）　　名前（　　　　　　　　　　　）

＜例＞

教
11

＋

室
9

◆画数を足すと、１０、２０、３０…になる熟語は？

＋

＋

◆画数の合計がなるべく少ない熟語は？

＋

＋

◆画数の合計がなるべく多い熟語は？

＋

＋

⑨ ５・７・５自己紹介

　　　５・７・５の音のリズムに慣れ親しむための活動です。自身のことについて短い言葉で表現できるようにすることも目標としています。

| 準備するもの | 教師：ワークシート |

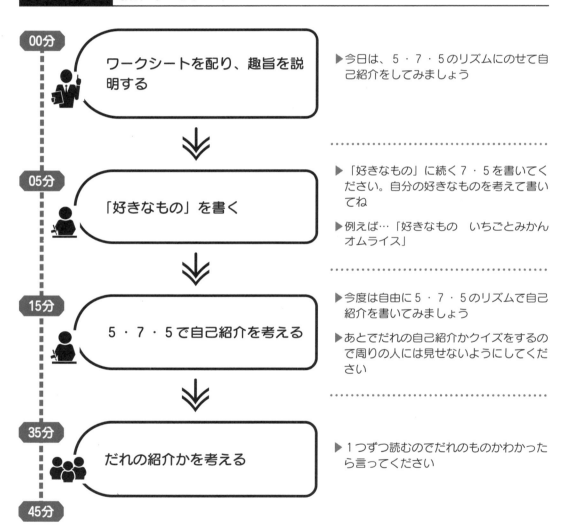

00分

ワークシートを配り、趣旨を説明する

▶今日は、５・７・５のリズムにのせて自己紹介をしてみましょう

05分

「好きなもの」を書く

▶「好きなもの」に続く７・５を書いてください。自分の好きなものを考えて書いてね

▶例えば…「好きなもの　いちごとみかん　オムライス」

15分

５・７・５で自己紹介を考える

▶今度は自由に５・７・５のリズムで自己紹介を書いてみましょう

▶あとでだれの自己紹介かクイズをするので周りの人には見せないようにしてください

35分

だれの紹介かを考える

▶１つずつ読むのでだれのものかわかったら言ってください

45分

ポイント

・時間があれば、５・７・５で他己紹介を考えたり、作った作品にアドバイスをし合ったりすると、より学習が深まります。

5・7・5自己紹介

組（　　　）　番号（　　　）　名前（　　　　　　　　）

◆まずは「好きなもの」で自己紹介してみましょう。

5	好きなもの
7	
5	

◆次は自由に作ってみましょう。

5	
7	
5	

五
七
五

10 共感マップで登場人物になりきろう

　共感マップを活用し、物語の登場人物の人柄や気持ちを考えて読みます。4つの観点を示して読むことにより、物語を読む目的がはっきりします。ここでは、「モチモチの木」（作：斎藤隆介）の4場面を例に活動を示します。

準備するもの	教師：ワークシート　児童：国語の教科書

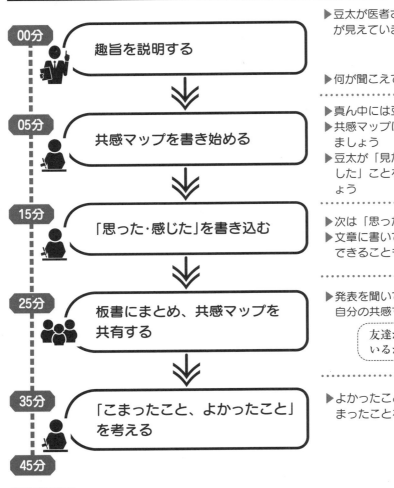

00分　趣旨を説明する

▶豆太が医者さまを呼びに行くときに、何が見えていましたか

　すごい数の星！薬箱！

▶何が聞こえていましたか

05分　共感マップを書き始める

▶真ん中には豆太の似顔絵を描きましょう
▶共感マップに豆太が感じたことをまとめましょう
▶豆太が「見た」「聞いた」「言った・行動した」ことを文章から見つけて書きましょう

15分　「思った・感じた」を書き込む

▶次は「思った・感じた」です
▶文章に書いてあることだけでなく、想像できることも書きましょう

25分　板書にまとめ、共感マップを共有する

▶発表を聞いて、いいなと思ったところは自分の共感マップに書きましょう

　友達がどんなところに注目しているかがわかりました

35分　「こまったこと、よかったこと」を考える

▶よかったことが見つからないときは、こまったことを反転させてみましょう

45分

ポイント

・個人で共感マップが制作できたら、友達と共有することで、友達の読み方がわかります。
・授業の最後に「豆太の気持ちに近づけましたか」と聞くと、学習内容がより深まります。

●参考文献・先行実践
小川雅裕『授業のビジョン』（東洋館出版社、2019年）
『フォレスタネット selection vol.5』（スプリックス、2019年）

共感マップで登場人物になりきろう

組（　　　）　番号（　　　）　名前（　　　　　　　　　）

物語の名前【　　　　　　　　　　】　場面【　　　　　　　　】

思った・感じた

見た　　　　　　　　　聞いた

言った・行動した

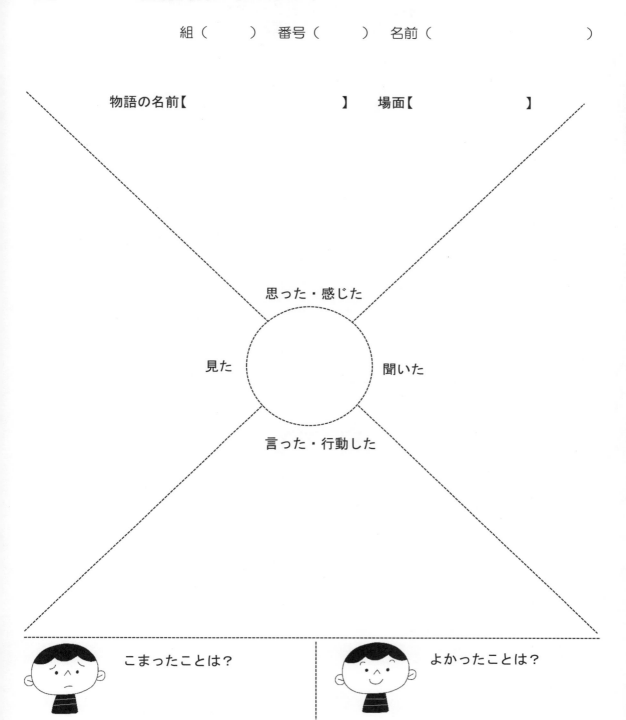

こまったことは？　　　　　　　よかったことは？

11 習った漢字で物語

　既習の漢字を取り入れながら物語を作るという活動です。漢字の習熟を図ると共に、表現する楽しさを味わう機会とします。

準備するもの	教師：ワークシート

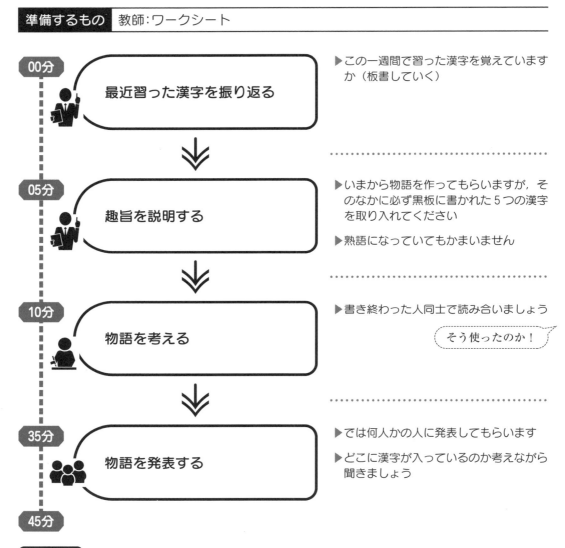

00分

最近習った漢字を振り返る

▶この一週間で習った漢字を覚えていますか（板書していく）

05分

趣旨を説明する

▶いまから物語を作ってもらいますが，そのなかに必ず黒板に書かれた5つの漢字を取り入れてください

▶熟語になっていてもかまいません

10分

物語を考える

▶書き終わった人同士で読み合いましょう

　そう使ったのか！

35分

物語を発表する

▶では何人かの人に発表してもらいます

▶どこに漢字が入っているのか考えながら聞きましょう

45分

ポイント

・使う漢字を変えたり、数を増やしたりすることで、さらに学習を深めることができます。
・児童が使いたい漢字を自分で選ぶのも良い活動です。

習った漢字で物語

組（　　　）　番号（　　　）　名前（　　　　　　　　　）

◆習った漢字

```
┌─────────────────────────────────────────────────────────┐
│                                                         │
│                                                         │
│                                                         │
│                                                         │
│                                                         │
└─────────────────────────────────────────────────────────┘
```

◆右の漢字を使いながら物語を作ってみましょう。

- -

- -

- -

- -

- -

- -

- -

⬡12 どのように説明する？

普段なにげなく使っている言葉について、自分の言葉で説明をするという活動です。説明する力をつけると共に、辞書に慣れ親しむことができます。

| 準備するもの | 教師：ワークシート　児童：国語辞典 |

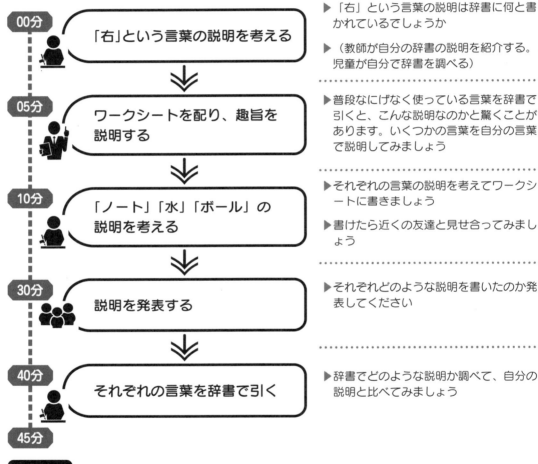

00分　「右」という言葉の説明を考える
- ▶「右」という言葉の説明は辞書に何と書かれているでしょうか
- ▶（教師が自分の辞書の説明を紹介する。児童が自分で辞書を調べる）

05分　ワークシートを配り、趣旨を説明する
- ▶普段なにげなく使っている言葉を辞書で引くと、こんな説明なのかと驚くことがあります。いくつかの言葉を自分の言葉で説明してみましょう

10分　「ノート」「水」「ボール」の説明を考える
- ▶それぞれの言葉の説明を考えてワークシートに書きましょう
- ▶書けたら近くの友達と見せ合ってみましょう

30分　説明を発表する
- ▶それぞれどのような説明を書いたのか発表してください

40分　それぞれの言葉を辞書で引く
- ▶辞書でどのような説明か調べて、自分の説明と比べてみましょう

45分

ポイント
・日常的な言葉、よく知っている言葉にも意外な発見があります。適宜、お題となる言葉を変えて使ってください。
・書いた説明を自分で読み返して、わかりにくい部分を書き直すようにすると、学習が深まります。
・辞書の文体を真似するように促すと、より辞書に親しむ活動となります。

●参考文献・先行実践
三浦しをん『舟を編む』（光文社文庫、2015年）

どのように説明する？

組（　　　）　番号（　　　）　名前（　　　　　　　　　　　）

◆次の言葉の説明を考えてみましょう。

【　ノート　】

【　水　】

【　ボール　】

【　　　　】

13 ローマ字クロスワード

これまで学習してきたローマ字を使ってクロスワードゲームをする活動です。オリジナルのクロスワードパズルを作成することで、ローマ字の知識の定着を図ります。

準備するもの	教師：ワークシート、パズル例　児童：教科書（ローマ字表）

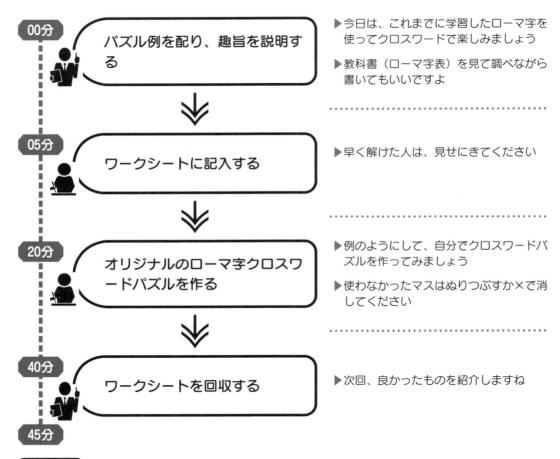

00分 パズル例を配り、趣旨を説明する

▶今日は、これまでに学習したローマ字を使ってクロスワードで楽しみましょう

▶教科書（ローマ字表）を見て調べながら書いてもいいですよ

05分 ワークシートに記入する

▶早く解けた人は、見せにきてください

20分 オリジナルのローマ字クロスワードパズルを作る

▶例のようにして、自分でクロスワードパズルを作ってみましょう

▶使わなかったマスはぬりつぶすか×で消してください

40分 ワークシートを回収する

▶次回、良かったものを紹介しますね

45分

ポイント

・個人作業が難しい場合は、ペアやグループで相談し合いながら活動すると、安心して活動できます。
・学校での出来事や教科に関係する出来事等、テーマを限定すると考えやすくなります。
・回収し、良く出来ているクロスワードパズルをコピーし、次の時間に取り組ませるなどすると、さらに盛り上がる活動になります。

●参考文献・先行実践
ラクイチ授業研究会編『中学英語ラクイチ授業プラン』（学事出版、2018年）

ローマ字クロスワード【パズル例】

組（　　　）　番号（　　　）　名前（　　　　　　　　　　　）

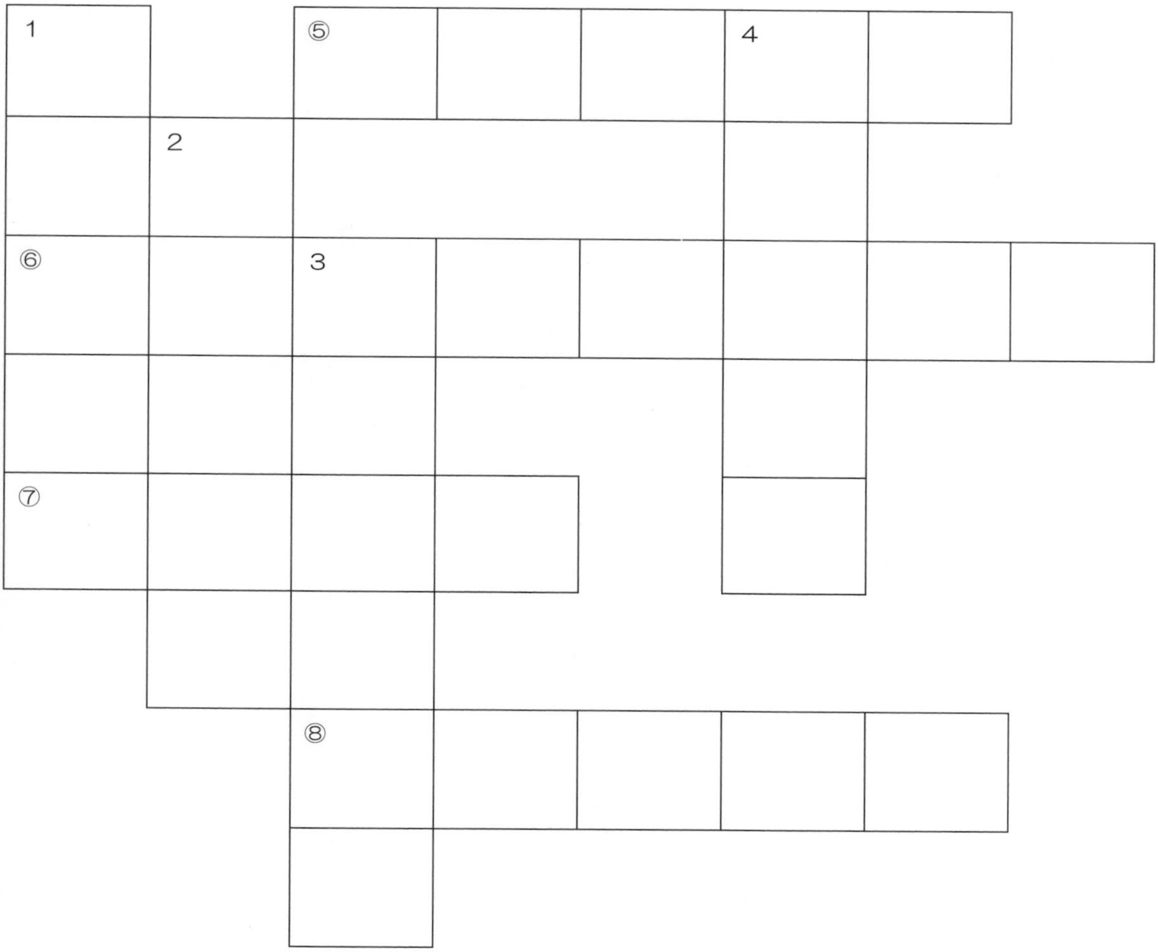

＜tate no kagi＞

1　今住んでいる国の名前
2　「しょうゆ○○」「ミソ○○」「しお○○」
3　ねるとき、頭の下にしくもの
4　日本の首都

＜yoko no kagi＞

⑤　「これっくらいの、お○○ばこに♪」
⑥　けんばん○○
⑦　ライオンやチーターは、○○のなかまです
⑧　おなかの上で貝をわります

ローマ字クロスワード【自作版】

組（　　　）　番号（　　　）　名前（　　　　　　　　）

<tate no kagi>

<yoko no kagi>

2章

社会

学校周辺の地図を作ろう

身近な学校周辺の地図を描かせることを通じて、同じ場所でも人によって異なった目印などの認識をもっていることを知ることがねらいです。また、地図を共有することで、友達から新たな町の情報を得ることができます。

準備するもの	教師：白紙　児童：色鉛筆

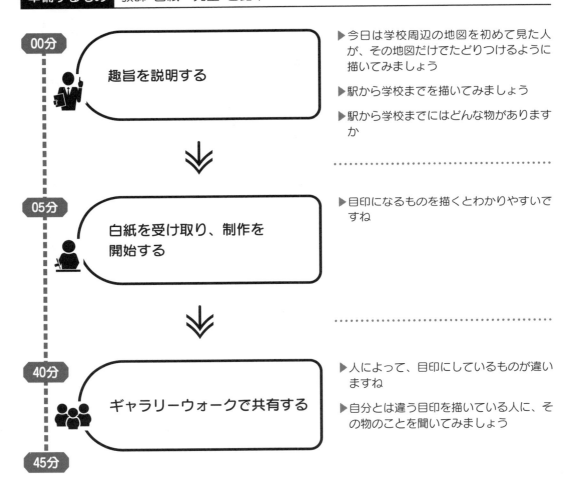

00分

趣旨を説明する

▶今日は学校周辺の地図を初めて見た人が、その地図だけでたどりつけるように描いてみましょう

▶駅から学校までを描いてみましょう

▶駅から学校までにはどんな物がありますか

05分

白紙を受け取り、制作を開始する

▶目印になるものを描くとわかりやすいですね

40分

ギャラリーウォークで共有する

▶人によって、目印にしているものが違いますね

▶自分とは違う目印を描いている人に、その物のことを聞いてみましょう

45分

ポイント

・学校の立地に合わせ、駅から小学校、公民館から小学校など、二地点間の地図を描かせます。遠すぎても近すぎても児童同士の比較がしにくくなります。

●参考文献・先行実践
ラクイチ授業研究会編『中学社会ラクイチ授業プラン』（学事出版、2018年）

学校周辺の地図を作ろう【作品例】

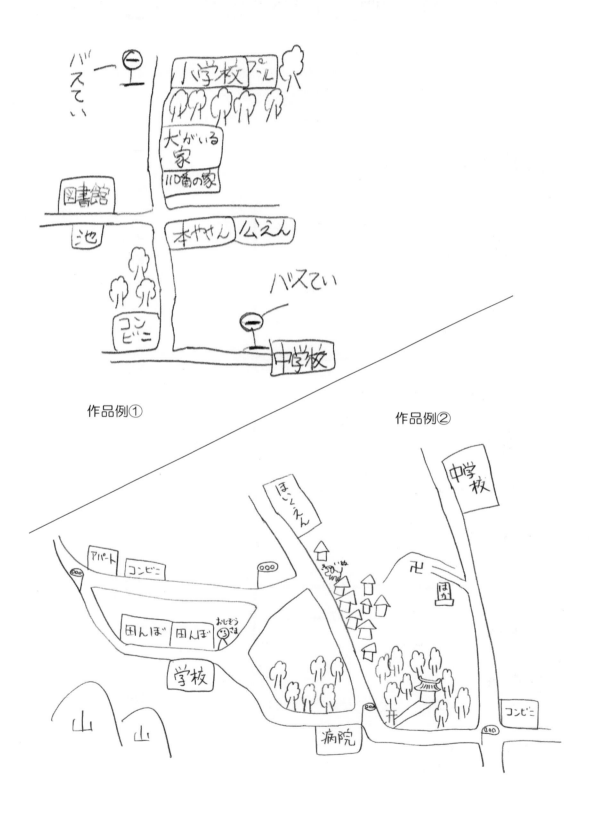

作品例①

作品例②

15 新しい地図記号をデザインしよう

新しい地図記号をデザインし、提案することで、現在の地図記号がどのようにしてつくられたのか、どんな要素が必要なのかを考える活動です。具体的なもの（地図記号で表す施設等）から抽象化していき、地図記号となるまでの経緯を考えます。

準備するもの 教師：ワークシート

00分 黒板に記号を書いて質問する	▶この地図記号「卍」を知っていますか （寺院です） ▶地図を見やすくするため、施設の名前でなく、記号で表せるようにできています。今日は新しい地図記号を作りましょう
10分 ワークシートを配り、問題を出す	▶いまある地図記号を復習しましょう。ワークシートにある地図記号は何でしょうか
15分 地図記号の特徴を考える	▶地図記号にはどのような特徴がありますか （シンプル、誰が見てもわかる）
20分 制作を開始する	▶では、新しい地図記号を作りましょう。まず、どの施設を記号にするかを考えましょう ▶どの施設か決まらない人は、ワークシートの例を参考にしましょう
40分 ギャラリーウォークで共有する	（こんな記号があったらわかりやすい！）
45分	

ポイント

・記号にしたい施設のどのような特徴に注目するとデザインしやすいかを考えさせます。

●参考文献・先行実践
ラクイチ授業研究会編『中学社会ラクイチ授業プラン』（学事出版、2018年）

新しい地図記号をデザインしよう

組（　　　）　番号（　　　）　名前（　　　　　　　　　　）

練習問題 1

（　　　　　　）

練習問題 2

（　　　　　　）

練習問題 3

（　　　　　　）

◆地図記号にはどのようなとくちょうがありますか。

名前	名前
↓	↓
記号	記号

名前	名前
↓	↓
記号	記号

＜施設の例＞

コンビニエンスストア
銀行
ショッピングセンター
公衆電話
自動販売機
観光案内所
道の駅

16 道案内をしよう！

地図上で地図記号や方位を使いながら道案内をする活動です。活動を通して地図記号や方位の習熟を図ることができます。単純な暗記に飽きた子どもたちにぴったりの活動です。

| 準備するもの | 教師：ワークシート　児童：教科書や地図帳など、地図記号が確認できるもの |

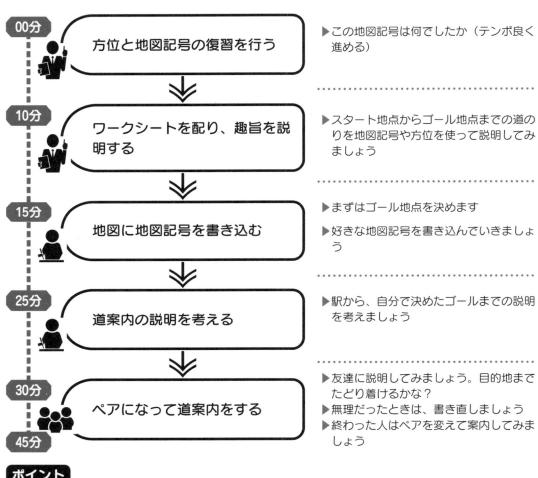

00分 方位と地図記号の復習を行う
▶この地図記号は何でしたか（テンポ良く進める）

10分 ワークシートを配り、趣旨を説明する
▶スタート地点からゴール地点までの道のりを地図記号や方位を使って説明してみましょう

15分 地図に地図記号を書き込む
▶まずはゴール地点を決めます
▶好きな地図記号を書き込んでいきましょう

25分 道案内の説明を考える
▶駅から、自分で決めたゴールまでの説明を考えましょう

30分 ペアになって道案内をする
▶友達に説明してみましょう。目的地までたどり着けるかな？
▶無理だったときは、書き直しましょう
▶終わった人はペアを変えて案内してみましょう

45分

ポイント

・子どもが自分でゴールを決め、地図記号を書き込むことで、主体的な学習につながります。
・難しい場合は、指導者が児童の実態に合わせてゴールを限定したり、地図記号をワークシートに書き込んだりして使用してください。

●参考文献・先行実践
帝国書院　先生のページ　小学校　地図活用場面集　資料一覧「道案内をしよう」
https://www.teikokushoin.co.jp/teacher/tangen/elementary/index_tan_geo.html#jg15

道案内をしよう！

組（　　）　番号（　　　）　名前（　　　　　　　　）

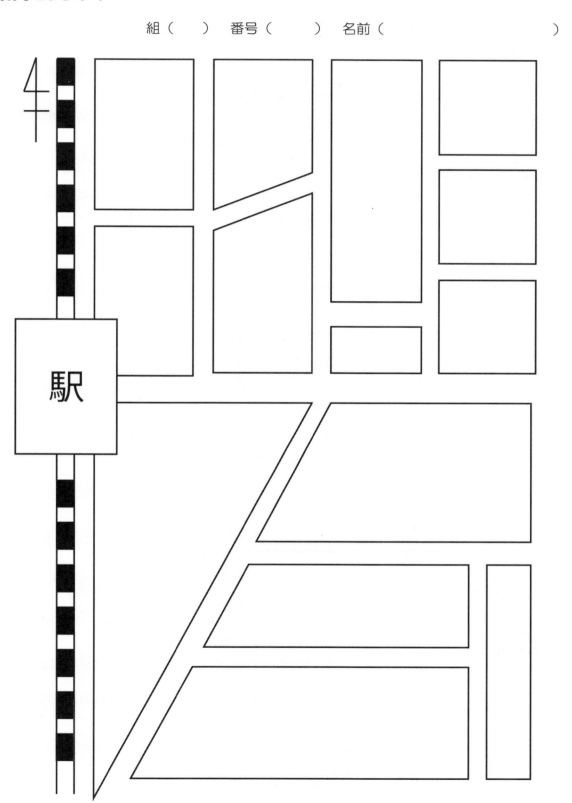

駅

⑰ 水のゆくえ追いかけっこすごろく

　児童が目にする身近な水は、海や湖、水道から出る水、雨などがありますが、それ以外にも様々なところを循環して私たちのところへやってきます。スタートとゴールのないすごろくの制作を通して、水が循環していることを理解する機会とします。

準備するもの	教師：ワークシート、さいころ　児童：社会の教科書

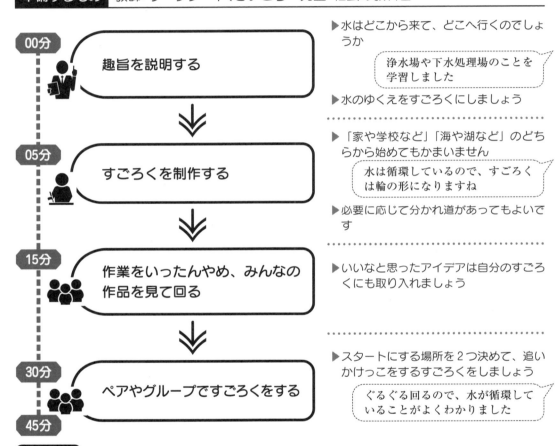

00分 趣旨を説明する

▶水はどこから来て、どこへ行くのでしょうか

　浄水場や下水処理場のことを学習しました

▶水のゆくえをすごろくにしましょう

05分 すごろくを制作する

▶「家や学校など」「海や湖など」のどちらから始めてもかまいません

　水は循環しているので、すごろくは輪の形になりますね

▶必要に応じて分かれ道があってもよいです

15分 作業をいったんやめ、みんなの作品を見て回る

▶いいなと思ったアイデアは自分のすごろくにも取り入れましょう

30分 ペアやグループですごろくをする

▶スタートにする場所を2つ決めて、追いかけっこをするすごろくをしましょう

　ぐるぐる回るので、水が循環していることがよくわかりました

45分

ポイント

・自分たちの町にあるダムや浄水場、下水処理場について学習している場合、その施設の名前を使うと、より身近なすごろくになります。「〇〇ダム」「〇〇下水処理場」など。
・学校の実態に応じて「ゴミのゆくえすごろく」「電気のゆくえすごろく」「ガスのゆくえすごろく」などにも応用できます。
・「〇マス進む」などのマスがあるとゲームが楽しくなります。

●参考文献・先行実践
　沖縄県企業局　キッズページ　今日から君は「水博士」
　https://www.eb.pref.okinawa.jp/kids/index.html

水のゆくえ追いかけっこすごろく

組（　　　）　番号（　　　）　名前（　　　　　　　　　　　）

◆できるだけくわしく、すごろくを作りましょう。

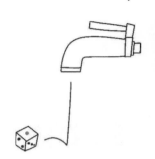

家や学校など

海や湖など

こんなことを学習したね

・ダム　・雲　・雨　・じょう水場　・下水処理場　・田んぼ　・工場　・下水道

・水道管　・水げんの森　・自然　・わき水　・水質けんさ

18 何に見える？都道府県

　都道府県の形や地形を何かに見立てて絵を描くという活動です。都道府県についての理解を深めると共に，地図に慣れ親しむことができます。ワークシートには例として青森県の地図を入れてあります。好きな県に変えて使ってください。

| 準備するもの | 教師：都道府県の白地図 |

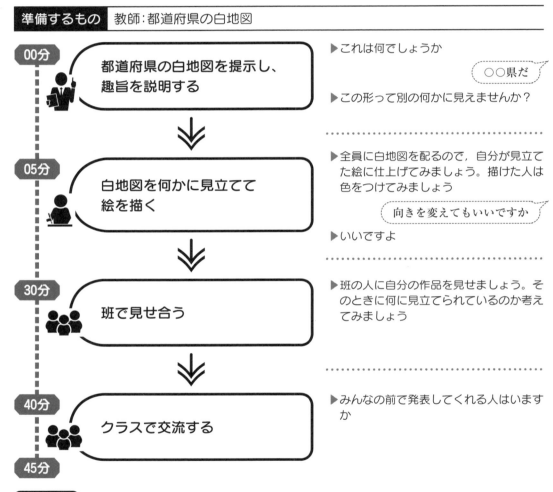

00分
都道府県の白地図を提示し、趣旨を説明する

▶これは何でしょうか

○○県だ

▶この形って別の何かに見えませんか？

05分
白地図を何かに見立てて絵を描く

▶全員に白地図を配るので，自分が見立てた絵に仕上げてみましょう。描けた人は色をつけてみましょう

向きを変えてもいいですか

▶いいですよ

30分
班で見せ合う

▶班の人に自分の作品を見せましょう。そのときに何に見立てられているのか考えてみましょう

40分
クラスで交流する

▶みんなの前で発表してくれる人はいますか

45分

ポイント

・川や湖，山地などの地形を生かして描くようにすると土地の様子についての理解が深まります。
・全員が違う都道府県に取り組むようにすると、さらに理解が広がります。
・白地図が用意できるのであれば、自分たちの市町村でやってみるのも面白い活動です。

●参考文献・先行実践
バカリズム『都道府県の持ちかた』（ポプラ文庫、2012年）

何に見える？都道府県

組（　　　　） 番号（　　　　） 名前（　　　　　　　　　　　）

◆何に見える？　かき加えてみましょう。

地図：CraftMAP で作成

19 都道府県３つの扉ゲーム

３つの質問を通して、出題者が選んだ都道府県を当てるという活動です。位置・地形・特産品など都道府県の特徴を理解するのに適しています。

準備するもの 教師：ワークシート 児童：地図帳

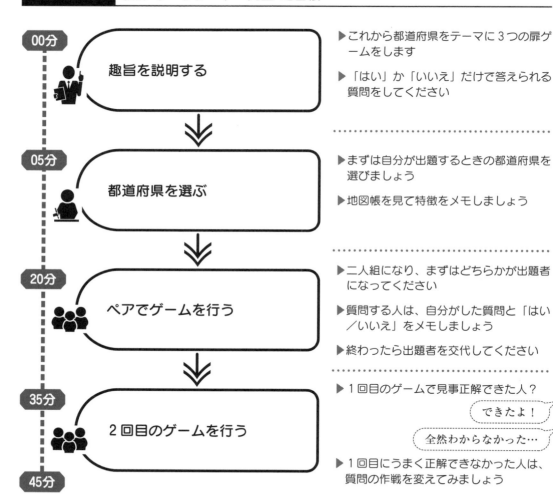

00分 趣旨を説明する
▶これから都道府県をテーマに３つの扉ゲームをします
▶「はい」か「いいえ」だけで答えられる質問をしてください

05分 都道府県を選ぶ
▶まずは自分が出題するときの都道府県を選びましょう
▶地図帳を見て特徴をメモしましょう

20分 ペアでゲームを行う
▶二人組になり、まずはどちらかが出題者になってください
▶質問する人は、自分がした質問と「はい／いいえ」をメモしましょう
▶終わったら出題者を交代してください

35分 ２回目のゲームを行う
▶１回目のゲームで見事正解できた人？
できたよ！
全然わからなかった…
▶１回目にうまく正解できなかった人は、質問の作戦を変えてみましょう

45分

ポイント

・出題者として都道府県の特徴をメモする際、地図帳や教科書を使うように促します。
・難しそうであれば、質問する側も地図帳を持って質問したり、教科書を見たりしながら答えてもよいようにするなど、難易度を調整してください。

都道府県３つの扉 ゲーム

組（　　　　）　番号（　　　　）　名前（　　　　　　　　　　）

【出題者】

＜選んだ都道府県＞
```
[                    ]
```

＜とくちょうメモ＞
```
[                                                        ]
```

【回答者】
＜考えた質問（１回目）＞

① 　　　　　　　　　　　　　　　　　　　　　　　【はい・いいえ】

② 　　　　　　　　　　　　　　　　　　　　　　　【はい・いいえ】

③ 　　　　　　　　　　　　　　　　　　　　　　　【はい・いいえ】

答え

20 オリジナルマンホール

マンホールのデザインをする活動を通して、学習したことそれぞれを結びつけ、自分たちの県の特色を捉えることがねらいです。自分たちの県の特色ある土地利用の様子、産業、交通などを調べたあとに行うと効果的です。

準備するもの 教師：ワークシート　児童：地図帳、色鉛筆

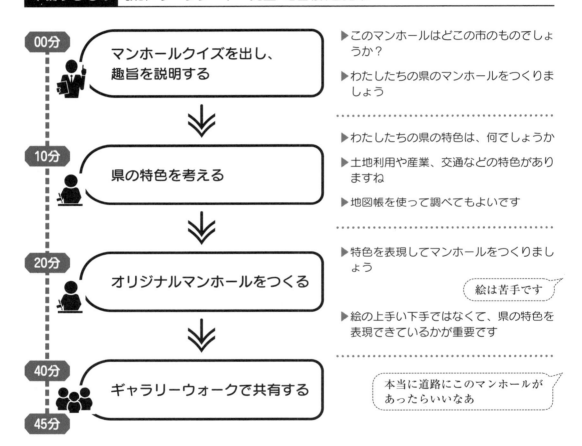

00分

マンホールクイズを出し、趣旨を説明する

▶このマンホールはどこの市のものでしょうか？

▶わたしたちの県のマンホールをつくりましょう

10分

県の特色を考える

▶わたしたちの県の特色は、何でしょうか

▶土地利用や産業、交通などの特色がありますね

▶地図帳を使って調べてもよいです

20分

オリジナルマンホールをつくる

▶特色を表現してマンホールをつくりましょう

絵は苦手です

▶絵の上手い下手ではなくて、県の特色を表現できているかが重要です

40分

ギャラリーウォークで共有する

本当に道路にこのマンホールがあったらいいなあ

45分

ポイント

・参考文献「WEBマンホール図鑑」を用いて、どこの自治体のマンホールなのかを出題します。出題するマンホールは、小学校の近隣の市区町村のものにすると答えやすいです。
・早くできた人には、ワークシートをもう一枚渡して、違う県のマンホールを考えさせると、より主体的な活動となります。

●参考文献・先行実践
『フォレスタネット selection vol.3』（スプリックス、2018年）
WEBマンホール図鑑　https://zukan.com/manhole/

オリジナルマンホール

組（　　　）　番号（　　　）　名前（　　　　　　　　　　）

◆私たちの都道府県のオリジナルマンホールを考えましょう。

私たちの都道府県の特色（自慢_{じまん}できること）は何ですか。

◆特色を生かしてマンホールをかきましょう。

作ってみよう！
オリジナルラクイチ授業プラン

　本書に掲載されている授業プランは、「**学習内容**」と「**学習活動**」の組み合わせとして考えることができます。

　例えば、「5　国語辞典クイズ」は、「国語辞典（学習内容）」と「3ヒントクイズ（学習活動）」の組み合わせです。また「15　新しい地図記号をデザインしよう」は「地図記号（学習内容）」と「デザイン（学習活動）」を組み合わせた活動です。

　ここで、この2つの授業プランの学習活動を入れ替えてみるとどうなるでしょうか。

　国語辞典 × デザイン

⇒「国語辞典をデザインしよう」…使いたくなるような国語辞典の表紙や中身をデザインするといった授業ができます。

　地図記号 × 3ヒントクイズ

⇒「地図記号3ヒントクイズ」…地図に載っている場所をお題にした3ヒントクイズを作る。3つ目のヒントは地図記号にするといった授業ができます。

　このように、また新しい授業プランを作ることができるのです。

　以下に、小学校編（低学年、中学年、高学年）で使われている主な学習活動を挙げます。様々な教科、学習内容と組み合わせてみてください。たくさんの授業プランのアイデアが浮かんでくるはずです。

　そして、面白そうな授業プランが思いついたら、ぜひ実践してみてください。実践をフォレスタネットに投稿していただけると、もっとうれしいです！（投稿方法は68ページを参照）

〈学習活動の例〉

3ヒントクイズ	ウェビングマップ	物語を書く
しりとり	仲間集め	ニュースづくり
ビンゴ	テスト問題づくり	ランキングづくり
神経衰弱	地図を描く	かるた
クラゲチャート	表彰状	4コマ漫画
似ているもの比べ	絵日記を書く	何かになりきる
辞書づくり	クロスワードパズル	デザインする
すごろく	3つの扉ゲーム	模型づくり
関係図を描く	インタビュー	連想する
〇×クイズ	未来予想	ポスターづくり

3章

算数

21 10を作ろう

0〜9までの10個の数字から4つを選び、適当に並べます。数字の間に＋−×÷（）を入れて、10になる計算を考えます。立式を行うことで、四則演算のルールの定着につながります。

| 準備するもの | 教師：ワークシート |

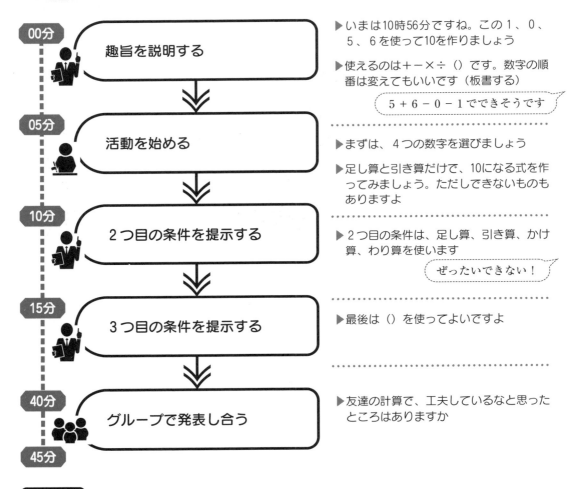

00分 趣旨を説明する
▶いまは10時56分ですね。この1、0、5、6を使って10を作りましょう
▶使えるのは＋−×÷（）です。数字の順番は変えてもいいです（板書する）

5 + 6 − 0 − 1でできそうです

05分 活動を始める
▶まずは、4つの数字を選びましょう
▶足し算と引き算だけで、10になる式を作ってみましょう。ただしできないものもありますよ

10分 2つ目の条件を提示する
▶2つ目の条件は、足し算、引き算、かけ算、わり算を使います

ぜったいできない！

15分 3つ目の条件を提示する
▶最後は（）を使ってよいですよ

40分 グループで発表し合う
▶友達の計算で、工夫しているなと思ったところはありますか

45分

ポイント
・導入で使う数字は何でもよいですが、10にできない数字もあるので注意してください。
・この授業後、車のナンバーや切符の4桁の数字でやってみても面白いです。

●参考文献・先行実践
算数あそび研究会『誰でもできる算数あそび60』（東洋館出版社、2015年）

10を作ろう

組（　　　　） 番号（　　　　） 名前（　　　　　　　　　　　　）

1 2 3 4 5 6 7 8 9 0 のカードがあります。

◆カードを4まい使って、答えが10になるように、＋－×÷（　）を書きましょう

例　3 × 5 － 1 － 4 ＝10

☐ ☐ ☐ ☐ ＝10 ☐ ☐ ☐ ☐ ＝10

☐ ☐ ☐ ☐ ＝10 ☐ ☐ ☐ ☐ ＝10

☐ ☐ ☐ ☐ ＝10 ☐ ☐ ☐ ☐ ＝10

☐ ☐ ☐ ☐ ＝10 ☐ ☐ ☐ ☐ ＝10

☐ ☐ ☐ ☐ ＝10 ☐ ☐ ☐ ☐ ＝10

☐ ☐ ☐ ☐ ＝10 ☐ ☐ ☐ ☐ ＝10

☐ ☐ ☐ ☐ ＝10 ☐ ☐ ☐ ☐ ＝10

☐ ☐ ☐ ☐ ＝10 ☐ ☐ ☐ ☐ ＝10

☐ ☐ ☐ ☐ ＝10 ☐ ☐ ☐ ☐ ＝10

☐ ☐ ☐ ☐ ＝10 ☐ ☐ ☐ ☐ ＝10

22 九九ビンゴ

九九の復習をしたり、習熟を図ったりしたいときに実践する活動です。九九の答えをビンゴの対象にすることで、同じ答えの九九があることや九九の決まりなどに改めて気づくことができます。

準備するもの 教師：ワークシート、1〜9を書いたカード2組

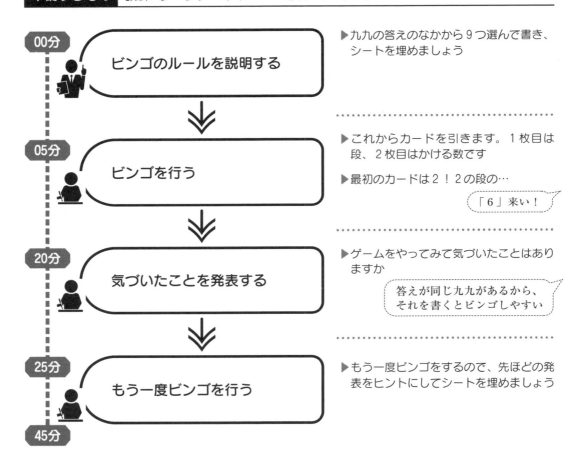

00分
ビンゴのルールを説明する
▶九九の答えのなかから9つ選んで書き、シートを埋めましょう

05分
ビンゴを行う
▶これからカードを引きます。1枚目は段、2枚目はかける数です
▶最初のカードは2！2の段の…
「6」来い！

20分
気づいたことを発表する
▶ゲームをやってみて気づいたことはありますか
答えが同じ九九があるから、それを書くとビンゴしやすい

25分
もう一度ビンゴを行う
▶もう一度ビンゴをするので、先ほどの発表をヒントにしてシートを埋めましょう

45分

ポイント

・同じ答えは何度書いてもよいですが、1回のくじで消せるのは1つだけ、というルールで行うとよいでしょう。
・カードをばらばらに引くことで、子どもたちのかけ算の練習にもつながります。
・2の段と6の段だけで行う（6、12、18がビンゴしやすい）など、限定したビンゴにすると、また別の気づきにつながります。

九九ビンゴ

組（　　　　）　番号（　　　　）　名前（　　　　　　　　　　　　）

◆下の九九から９つを選んで、その答えをマスのなかに書きましょう。

《１回目》

《２回目》

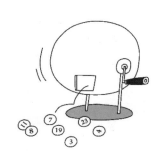

1×1	2×1	3×1	4×1	5×1	6×1	7×1	8×1	9×1
1×2	2×2	3×2	4×2	5×2	6×2	7×2	8×2	9×2
1×3	2×3	3×3	4×3	5×3	6×3	7×3	8×3	9×3
1×4	2×4	3×4	4×4	5×4	6×4	7×4	8×4	9×4
1×5	2×5	3×5	4×5	5×5	6×5	7×5	8×5	9×5
1×6	2×6	3×6	4×6	5×6	6×6	7×6	8×6	9×6
1×7	2×7	3×7	4×7	5×7	6×7	7×7	8×7	9×7
1×8	2×8	3×8	4×8	5×8	6×8	7×8	8×8	9×8
1×9	2×9	3×9	4×9	5×9	6×9	7×9	8×9	9×9

23 ハイ・ローゲーム

数の大小を使って行う班対抗のゲームです。楽しみながら数を整理したり、結果を分析したりすることができます。また仲間づくりにも役立てることができます。

準備するもの 教師：ワークシート、ホワイトボード（班の数ぶん）

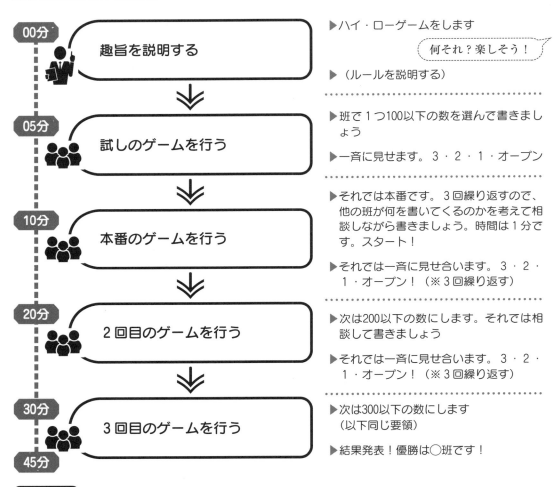

00分 趣旨を説明する
▶ハイ・ローゲームをします
何それ？楽しそう！
▶（ルールを説明する）

05分 試しのゲームを行う
▶班で1つ100以下の数を選んで書きましょう
▶一斉に見せます。3・2・1・オープン

10分 本番のゲームを行う
▶それでは本番です。3回繰り返すので、他の班が何を書いてくるのかを考えて相談しながら書きましょう。時間は1分です。スタート！
▶それでは一斉に見せ合います。3・2・1・オープン！（※3回繰り返す）

20分 2回目のゲームを行う
▶次は200以下の数にします。それでは相談して書きましょう
▶それでは一斉に見せ合います。3・2・1・オープン！（※3回繰り返す）

30分 3回目のゲームを行う
▶次は300以下の数にします（以下同じ要領）
▶結果発表！優勝は○班です！

45分

ポイント
・《ルール》100以下の数を班で1つ選ぶ。全班の数を一斉に見せ合い、一番大きい数と一番小さい数を選んだ班は得点なし。その他の班は選んだ数がそのまま得点になる。
・ホワイトボードがなければ、紙でも代用できます。
・最後だけ大きな数にして逆転のチャンスを増やしてもよいです。

●**参考文献・先行実践**
「ハイカット・ローカットゲーム」で検索すると、多くの実践例を見ることができます。

ハイ・ローゲーム 〔得点表〕

	100 以下の数			200 以下の数			300 以下の数			合計
1 班										
2 班										
3 班										
4 班										
5 班										
6 班										
7 班										
8 班										

24 逆三角形の計算のひみつ

　５つの数字を横に並べ、隣り合った数字を足して、ワークシートに答えを書いていきます。数字の並び方によって最後の答えが変わってきます。どうすれば、一番大きな数字を作れるでしょうか。計算の法則を見つけることをねらいとしています。

準備するもの	教師：ワークシート

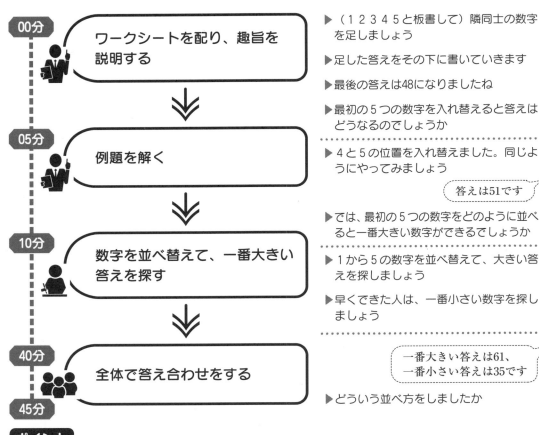

00分　ワークシートを配り、趣旨を説明する

▶ （１２３４５と板書して）隣同士の数字を足しましょう

▶ 足した答えをその下に書いていきます

▶ 最後の答えは48になりましたね

▶ 最初の５つの数字を入れ替えると答えはどうなるのでしょうか

05分　例題を解く

▶ ４と５の位置を入れ替えました。同じようにやってみましょう

　答えは51です

▶ では、最初の５つの数字をどのように並べると一番大きい数字ができるでしょうか

10分　数字を並べ替えて、一番大きい答えを探す

▶ １から５の数字を並べ替えて、大きい答えを探しましょう

▶ 早くできた人は、一番小さい数字を探しましょう

40分　全体で答え合わせをする

　一番大きい答えは61、一番小さい答えは35です

45分

▶ どういう並べ方をしましたか

ポイント

・答えは35から61の間の数字になります。36、42、54、60はできません。
・一番大きい答えの並びは「１３５４２」、一番小さい答えの並びは「５２１３４」です。
・早く答えを導き出せた児童には、最初の数字を１から６までの６個の数字にすると発展問題になります。
・ワークシートは書くスペースが少ないので、Ｂ４など大きめの紙に印刷してください。

●参考文献・先行実践
　ピーター・フランクル『数に強くなろう─ピーター流数学遊び』（岩波ジュニア新書、2015年）

逆三角形の計算のひみつ

組（　　　）番号（　　　）名前（　　　　　　　　　　）

◆まず、1から5までの数字を横に並べます。

◆となり合う数どうしを足して、その和を下に書き続けます。

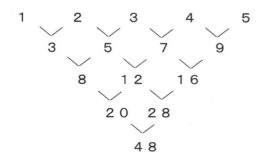

```
    1    2    3    4    5
      3    5    7    9
        8   12   16
         20   28
           48
```

◆4と5を入れかえて、練習してみましょう。

```
    1    2    3    5    4
```

◆最後の答えが、一番大きいのは何ですか。また、一番小さいのは何ですか。
　数字をならべかえて、さがしましょう。

25 1kgを探せ

教室にあるものの中から、1kgに近いものを探してくる活動です。友達と協力したり、対抗したりしながら、およその重さの感覚を身につけることができます。

| 準備するもの | 教師：ワークシート、はかり |

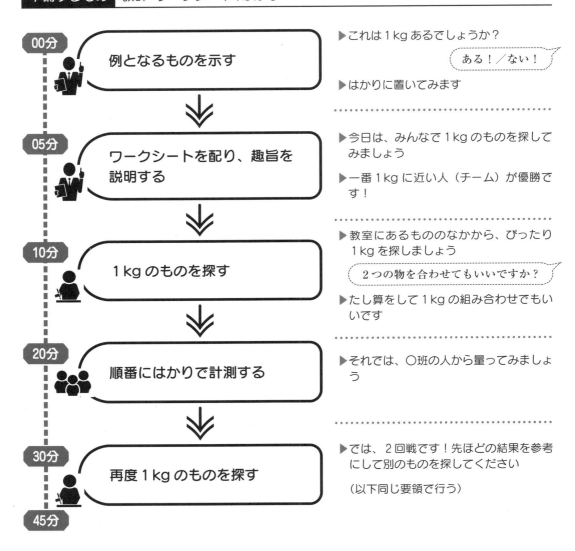

00分

例となるものを示す

▶これは1kgあるでしょうか？

（ある！／ない！）

▶はかりに置いてみます

05分

ワークシートを配り、趣旨を説明する

▶今日は、みんなで1kgのものを探してみましょう

▶一番1kgに近い人（チーム）が優勝です！

10分

1kgのものを探す

▶教室にあるもののなかから、ぴったり1kgを探しましょう

（2つの物を合わせてもいいですか？）

▶たし算をして1kgの組み合わせでもいいです

20分

順番にはかりで計測する

▶それでは、〇班の人から量ってみましょう

30分

再度1kgのものを探す

▶では、2回戦です！先ほどの結果を参考にして別のものを探してください

（以下同じ要領で行う）

45分

ポイント

・はかりの「1kg」に目印をつけておくと、量りやすくなります。
・教室だけでなく、他の教室や活動室のものから探し出すことも、盛り上がります。

1kg を探せ

組（　　　　）　番号（　　　　）　名前（　　　　　　　　　）

◆教室の中から、1kg になりそうな物を探しましょう。
　組み合わせて 1kg にしてもいいですよ。

1kg になりそうな物	実さいの重さ （g もしくは kg）	誤差（g）

26 コンパスアート

コンパスを使って自分なりに考えた絵を描いたり模様を作ったりする活動です。この体験を通して、楽しみながらコンパスの操作性を身につける機会となります。

準備するもの	教師：ワークシート（複数枚）、コンパス　児童：コンパス、色鉛筆

00分 ワークシートを配り、趣旨を説明する

▶今日は、コンパスを使って絵や模様を描く活動をします

楽しそう！

05分 コンパスアート活動をする

▶イメージがわかない人は、他の人の様子を見せてもらいましょう

▶コンパスで描いたあとは、色鉛筆で色づけしてください

25分 友達と作品を見せ合う

▶友達の作品を見て、いいなと思ったところはどこですか

35分 別の作品を作る

▶他の誰も作っていないようなデザインはできるかな

45分

ポイント

・手先が器用ではなく、コンパス操作が苦手な児童には、操作しやすいコンパスを準備したり支援グッズを用意したりすることで、安心感をもって取り組むことができます。

算数

62

コンパスアート

組 (　　　)　番号 (　　　)　名前 (　　　　　　　　)

◆コンパスだけを使って、絵をかいたりもようを作ったりしましょう。

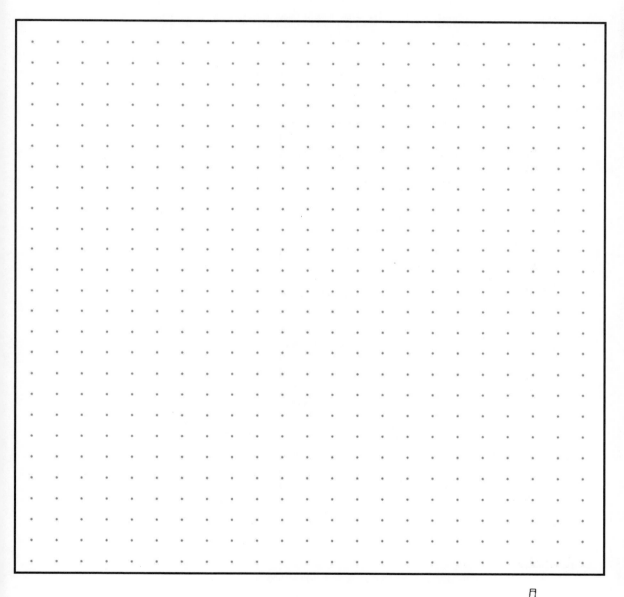

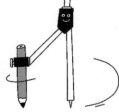

27 数字にたくさんの出番を作ろう

　筆算の習熟には、どうしても練習問題が必要です。しかし、練習問題をこなしているだけでは児童は楽しくありません。そこで、条件に合う筆算を考えることで、楽しみながら繰り上がりについて考える機会とします。

準備するもの	教師：ワークシート

00分
ワークシートの問題を板書する

▶なるべくたくさんの数に出番があるような筆算の式を考えてください

えっ？　　どういう意味？

05分
ワークシートを配り、考え方を確認する

▶例えば「127＋983＝1110」とすると、7種類の数字に出番がありますね

10分
活動を始める

9個使えた！

答えの千の位は、絶対に「1」だね

40分
答えを共有する

45分

▶できるだけたくさんの数字に出番を作れましたか
▶10種類全部に出番を作れた人はいますか

ポイント

・10種類の数字を使う筆算の一例は「479＋583＝1062」です。
・0〜9のカードを黒板に貼り、無言で問題を書くだけでも、好奇心を刺激する導入となります。
・10種類になる式を言わずに終わらせると、授業が終わっても主体的に課題に取り組む姿が見られるようになります。

●参考文献・先行実践
『フォレスタネット selection vol.4』（スプリックス、2019年）

数字にたくさんの出番を作ろう

組（　　　）　番号（　　　）　名前（　　　　　　　　）

◆ 0〜9の数があります。なるべくたくさんの数に出番をください。

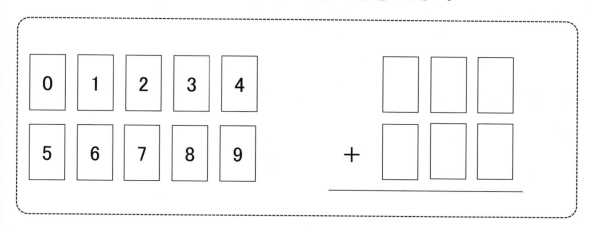

（例）

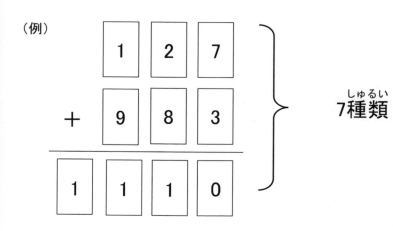

しゅるい
7種類

28 今日の予定

　時間と時刻を学習していることが前提です。一日の予定をすごろくのようにたどり、聞かれた時間と時刻を考えます。後半の活動では、自分で問題を作るので、自分の習熟度に応じて複雑な時刻を扱った問題にチャレンジできます。

準備するもの　教師：ワークシート、時計の模型（必要があれば）

00分	ワークシートを配り、趣旨を説明する
05分	問題を解く
10分	答え合わせをする
20分	制作を開始する
35分	問題を解き合う
45分	

▶これは、ある小学生の予定です

▶何時何分から何時何分までお弁当を食べていたでしょう

▶家に着いたのは何時でしょう

▶お弁当を食べ始めた時間と、食べ終わりの時間がわかるといいですね

時計の模型を使いたい！

お弁当は午前11時35分から午前11時55分までです

家に着いたのは午後1時19分です

▶次は自分で問題を考えましょう

▶本当の自分の予定でなくてもいいです

▶グループになって問題を解き合いましょう

ポイント

・早くできた児童には、新しいワークシートを配り、別の予定を考えさせましょう。
・家を出る時間を、9時16分などにすると、難しい問題になります。
・自分の問題が作れない児童には、先に時間だけを書いておくと、その時間に合わせて予定が書けるので取り組みやすくなります。

●参考文献・先行実践
新潟県上越市立直江津南小学校『算数好きを育てる教材アレンジアイデアブック』（明治図書出版、2017年）

今日の予定

組（　　　　）　番号（　　　　）　名前（　　　　　　　　　　　）

◆家を出てから帰るまでの予定です。
◆お弁当を食べていたのは何時何分から何時何分ですか。
◆家に着いたのは何時何分ですか。

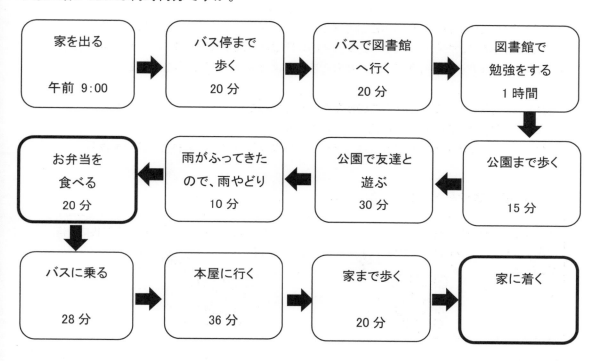

◆問題を作りましょう。

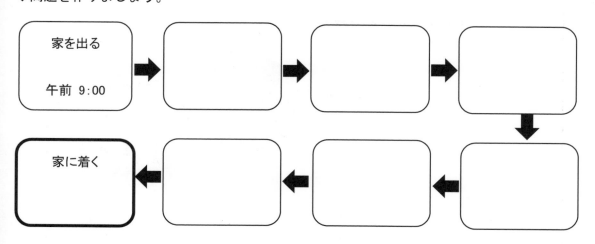

投稿しよう！オリジナルラクイチ授業プラン

　本書『小学校ラクイチ授業プラン』の授業案のなかには、フォレスタネットへの投稿がもとになってできたものもたくさんあります。「ラクイチ授業」の条件は以下の３つです。

1　1時間で完結する…1時間完結の内容で、好きなタイミングで行える授業であること。
2　準備に時間がかからない…ワークシートの印刷など、簡単な授業準備で実践できること。
3　誰でも実践できる…「あの先生だからできる」ような達人技は必要ないこと。

　普段、何気なく行っているあなたの授業も、もしかしたらラクイチ授業プランかも!?
　このような授業があったら、投稿してみませんか？
　オリジナリティのある授業プランは、ラクイチ授業プランの本に掲載される可能性も。

〈**フォレスタネット**への投稿方法〉

①スマホまたはPCから「フォレスタネット」にアクセスし、会員登録する。

※すでに会員の方はログインして②へ

➡ ②「ラクイチ授業プラン」特設ページにアクセスする。

➡ ③「この特集に投稿する」ボタンを押して投稿する。

4章

理科

29 豆電球のつなぎ方

回路を正しくつないで、豆電球を光らせるには、回路が輪の形になっていないといけません。「電気の通り道はっけんくん（以下、はっけんくん）」の中身がどうなっているのかを考えます。また、豆電球がつかない理由を考えて、回路についての知識を再確認します。

準備するもの	教師：ワークシート

00分 趣旨を説明する

▶電気を通す物は何ですか

(金属です)

▶電気を通す物を発見する「はっけんくん」の設計図をかきます

05分 装置のなかがどうなっているかを予想する

▶「はっけんくん」のなかはどうなっているでしょうか
▶電池以外には何が入っているでしょうか

(導線です)

10分 紙コップのなかの導線を書く

▶正しく導線をつなぎましょう

▶書けたと思ったら、友だちと確認しましょう

30分 豆電球がつかない理由を考える

▶正しく導線をつないだのに、豆電球がつかないことがあります
▶考えられる理由をかきましょう

40分 豆電球がつかないときの理由を発表する

(電池の残量がないかもしれません)

45分

ポイント

・豆電球がつかないときは、他にも「フィラメントが切れている」「ソケットが緩んでいる」「クリップをつけた物が金属でない」などが考えられます。
・時間に余裕があれば、実際に作って確かめてみても面白いです。
・材料：豆電球、ソケット、導線、クリップ、電池、電池ケース、紙コップ、輪ゴム（紙コップの中身が落ちないように紙コップに切れ目を入れて、輪ゴムを通します）。

豆電球のつなぎ方

組（　　　）　番号（　　　）　名前（　　　　　　　　　）

◆この写真は「電気の通り道はっけんくん」です。

◆両手のクリップで、電気を通す物をさわると、頭の上の豆
　電球が光ります。

◆紙コップの中はどうなっているでしょうか。

◆電池、どう線を正しくつなぎましょう。

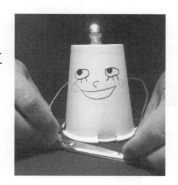

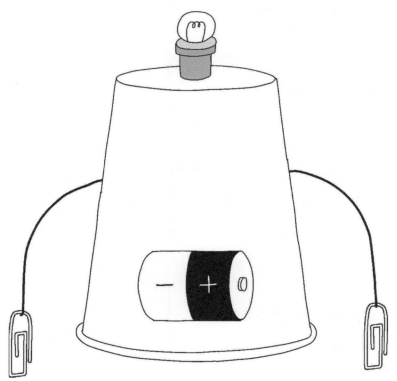

◆紙コップの中を正しくつないでも豆電球がつきません。原因は何でしょうか。

30 秋の自然観察と種子模型

　カエデ科の仲間の種子を集めて高いところから落としてみます。プロペラのように回転しながら落ちていきます。実物をよく見て、紙とクリップで模型を作ってみます。本物と同じように回転しながら落ちるでしょうか。

準備するもの	教師:カエデ科の木（イロハモミジ、オオモミジが公園や校庭によく植えられている）、B5 コピー用紙、ゼムクリップ、はさみ

00分 採取したモミジの種子を見せる

▶これはモミジの種子です。投げ上げてみるとどうなるでしょうか（投げ上げる）

おぉ～　回ってる！

10分 模型作りを開始する

▶今日はこの種子の模型を作ってみましょう

▶作り方の説明を見ながら進めましょう

▶完成したら、投げ上げてみましょう

あれ？　うまく回らない

20分 できたものを投げ上げる

▶うまく回らないときは、翼の部分を反らせてみたり、ゼムクリップの位置を変えたりしてみましょう

回った！

40分 ふりかえりを発表する

▶うまく回転させるためにどのようなことをしましたか

▶工夫したことを発表してください

45分

ポイント

・モミジの木がない場合は、種子の写真や動画等で代用します。
・模型が最初からうまく回転することはなかなかありません。諦めずに試行錯誤して調整することが重要です。

●参考文献・先行実践
群馬県立自然史博物館 http://www.gmnh.pref.gunma.jp/wp-content/uploads/b2d1c66866ae535743c92c53d010709e.pdf

理科

72

秋の自然観察と種子模型

組（　　　）　番号（　　　）　名前（　　　　　　　　）

◆カエデ科（モミジの仲間）の種を観察してみましょう。

◆種子の模型を作ってみましょう。

①B5の紙を8つ折りにします。

②さらに半分に折り1/16の大きさにします。

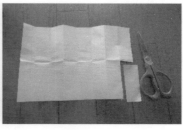

③はさみで切り取ります。

④一つの角が反対の辺につくように、ななめに折ります。

⑤はばのせまい方を折り返してゼムクリップをななめにつけます。ゼムクリップをつけていない方をそらせます。

◆できた模型を投げ上げてみましょう。うまく回らなかったら、ゼムクリップのつけ方を変えたり、そらせ方を変えたりしてみましょう。

㉛ なぜ気球は飛ぶのか

　本物の気球を見たことのある児童は少ないかもしれませんが、テレビや写真で見たことがある児童は多いはずです。この活動では、気球が飛ぶ理由を図に書き表し、友達の予想と比較して対話を促します。

準備するもの	教師：ワークシート、実験道具（ポイント参照）

00分 ミニ気球の実験をする（図参照）※無風状態で行う

ポリ袋が浮いた！

気球みたい

ポリ袋

底を切り取って筒状にした紙コップ

2cm程度に折ったろうそく4本が中で燃えている

5cm程度離す

※暖かい空気で、ポリ袋が膨らんできたら手を離します。しっかりと膨らむまで2分ほどかかります。

15分 趣旨を説明する

どうしてポリ袋は浮くのだろう

20分 制作を始める

▶ポリ袋のように気球が飛ぶ理由を考えましょう

火が付いていることが関係してそう

▶矢印や絵で表しましょう

35分 考えを交流する

▶グループで考え方を交流しましょう

この考え方が一緒だね

矢印の向きが、違うね

40分 もう一度実験をする

▶みんなの予想が合っているかどうか、ポリ袋の膨らみ方に注目して見ましょう
▶この気球をもっと高く飛ばすにはどうしたらいいでしょう

45分

ポイント

・ミニ気球の道具…ポリ袋（薄手で耐熱性があると安心）、ろうそく4本、紙コップ（底を切って筒状にしたもの）
・まっすぐ上に飛ばない場合は、ポリ袋の口に付箋を何枚か貼って、重りにすると安定して飛びます。
・WSの回答例…気温の低いところで行う／火力を強くする／袋を大きくする　など

●参考文献・先行実践
『フォレスタネット selection vol.3』（スプリックス、2018年）

なぜ気球は飛ぶのか

組（　　　　）　番号（　　　　）　名前（　　　　　　　　　　　）

◆気球が飛ぶ理由を考えましょう。

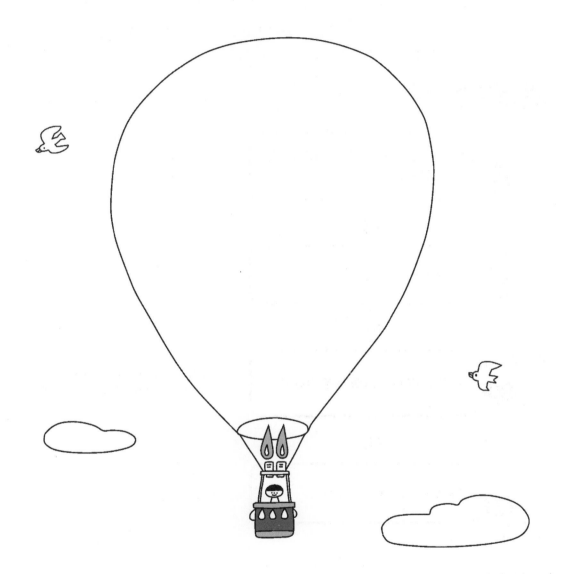

◆理由を図に書き込んで、説明しましょう。

◆気球を高く飛ばすには、どうしたらよいでしょうか。

32 つながる糸電話

　音の学習では、音は振動であることを捉えさせることが重要です。目と耳で観察できる糸電話は、簡単に作ることができて子どもの興味関心を高めます。この指導案では、クリップを使うことで複数人で使える糸電話を作ります。

準備するもの 教師：紙コップ、コピー用紙（B7程度の大きさ）、糸（タコ糸など60〜80cm）、ゼムクリップ（小）

00分
ワークシートと材料を配り、作り方を説明する
▶今日は糸電話作りをします
楽しそう！
▶音がどのように伝わるのかみんなで確かめてみましょう

10分
各自で制作する
▶クリップをつけるところまでできましたか

20分
ペアになり、糸電話をつなぐ
▶声を出しているときといないときで、糸や紙コップの様子に違いはありますか

30分
複数人で糸電話をつなぐ
先生、これ3人でもできますか？
▶いいね、ためしてみて
4人でもできるかも？
45分

ポイント

・話すだけでなく、音が伝わるときは振動が伝わっていることを確かめるようにうながします。
・ゼムクリップのところを釣り道具のスナップ付きサルカンにすると、つなぐのが楽です。
・糸をいろいろ変えて音の伝わり方の違いを調べることもできます。

つながる糸電話

組（　　　）　番号（　　　）　名前（　　　　　　　　）

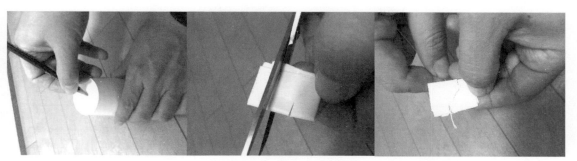

①えんぴつで紙コップ　　②紙をおりたたんで切れ　　③紙に糸をまきつけま
　に穴をあけます。　　　こみを２か所作ります。　す。

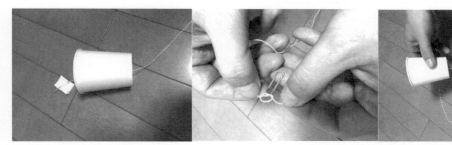

④糸を穴に通します。　　⑤コップの反対側にクリップを結ぶとできあがりです。

◆クリップとクリップをつないで糸電話にしてみましょう。
　声を出しているときといないときの糸やコップのようすをくらべてみましょう。

◆ふりかえりを書こう。発見やぎもんを書いてみましょう。

33 紙の笛作り

音の学習では、音は振動であることを捉えさせることが重要です。目と耳で観察できる紙の笛は、簡単に作れて子どもの興味関心を高めます。

準備するもの	教師：B5 程度のコピー用紙（未使用）、セロハンテープ　児童：はさみ、鉛筆

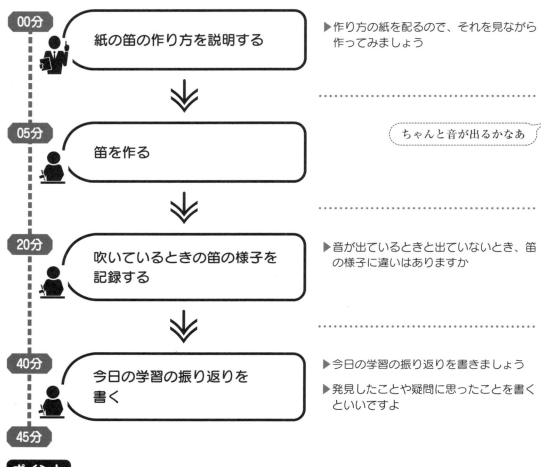

00分 紙の笛の作り方を説明する
▶作り方の紙を配るので、それを見ながら作ってみましょう

05分 笛を作る
ちゃんと音が出るかなあ

20分 吹いているときの笛の様子を記録する
▶音が出ているときと出ていないとき、笛の様子に違いはありますか

40分 今日の学習の振り返りを書く
▶今日の学習の振り返りを書きましょう
▶発見したことや疑問に思ったことを書くといいですよ

45分

ポイント

・リード部分に隙間ができないようにすることが大切です。隙間ができたらセロハンテープで補修することができます。
・うまくできない子には教師が調整して、試しに音を出してあげます。口でくわえたところをはさみで切り落とせばそのまま子どもも使えます。

●参考文献・先行実践
　あおぞら実験室「音で遊ぼう！ 解説 イカの頭笛」http://www2.hamajima.co.jp/~aozora/99_6/99_6.pdf

紙の笛作り

組（　　　）　番号（　　　）　名前（　　　　　　　　　）

＜作り方＞

①えんぴつをしんにして紙をまきます。

②先がこのようになるようにしましょう。

③はさみで先を切ります。

④開くとこのような形です。

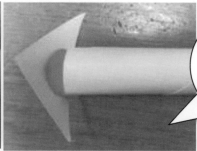

⑤ていねいに折って△とつつに少しだけすき間ができるようにします。

△のはんたいがわをくわえて息をすうと、音が出るよ！

◆音が出ているときと出ていないときの笛のようすをくらべてみましょう。

◆ふりかえりを書きましょう。発見やぎもんもあれば書きましょう。

タイトル

組（　　）番号（　　）名前（　　　　　　　　　　　）

										20
										40
										60
										80
										100
										120

5章

外国語

34 アニマルバスケット

中学年の外国語では、児童にとって身近な題材から、英語に親しむことが大事です。今回は、児童が身近な動物の英単語や気持ちを表す表現を使って、フルーツバスケットを行う活動です。ゲームを楽しむうちに自然と英語に慣れ親しめるようになっています。

準備するもの	教師：ワークシート、動物のフラッシュカード（あれば）

00分 趣旨を説明する
▶英語で動物を言えるかな
▶プリントの動物を指差しながら言ってみよう
> えー、何て言うんだっけ…？

10分 ゲームを行う
▶動物の英単語でフルーツバスケットをしてみましょう
▶好きな動物を1つ選んでください

25分 別の動物を選ぶ
▶先ほどとは違う動物を今度は複数選んでください

30分 ゲームを行う
▶次はもっと難しくなるよ！
45分

ポイント

・動物のフラッシュカードを事前に準備しておくと、導入の活動もスムーズになり、児童の関心が高くなります。「いらすとや」HP や、Let's Try（文部科学省）の辞書機能を活用します。
・英単語に自信がない児童も、安心して活動できるように、励ましの声掛けを行ってください。間違えても、Never mind などの声掛けをします。
・それぞれの単語のジェスチャーを決めておき（cat：頭の上に手で猫耳ポーズなど）、移動するときにその動きをすると、より楽しくゲームができます。

アニマルバスケット

◆好きなどうぶつに〇をつけましょう。

Animal

◆どうぶつをゆびさしながら、英語で言ってみましょう。

35 英語でじゃんけん

中学年の授業では簡単に、かつ盛り上がる活動で行いましょう。児童に外国語を楽しいと思わせるのが大事です。今回は、簡単で誰でもできるじゃんけんで活動します。

準備するもの	教師：ワークシート、フラッシュカード

00分 英語でのじゃんけんを説明する

▶グーは英語で何て言うと思う？

えっと、石だから…

05分 児童対教師でじゃんけん勝ち抜きゲームをする

Rock, scissors, paper.
One, two, three!

▶優勝者にインタビューしてみましょう。
What's your name?

25分 じゃんけんプラスゲームの説明をする

▶次は別のゲームをやってみましょう

35分 じゃんけんプラスゲームをする

▶まずは隣同士で何度か練習してみましょう

▶次に相手を見つけてやってみましょう。英語で話しかけてくださいね！

45分

ポイント

・楽しい雰囲気を作るコツは、どの活動でも大げさに褒めることです（たくさんの友達に自分から話しかけてすごいね、友達の目を見て話せてえらいね、など）。
・テンポ良く、説明する時間を短くし、児童の活動時間を長くとれるようにしてください。
・途中で勝った生徒にインタビューしたり、ペアを見つけるときに英語で話しかけるようにしたりすると、より効果的な学習になります。

英語でじゃんけん

組（　　　）　番号（　　　　）　名前（　　　　　　　　　　　　）

◆英語でじゃんけんをしてみましょう。

◆英語でじゃんけんプラスゲームをしてみましょう。

＜ルール＞
①かけ声に合わせて指を出すよ
②出す指は１本から５本まで好きに出せるよ
③友だちと自分の指をたして、早く言った方が勝ちだよ

＜例＞
Ａ Ｂ：Plus, plus, one, two, three!
（Ａさんが５本の指）
（Ｂさんが２本の指）
Ａ：seven!
→Ａさんの勝ち

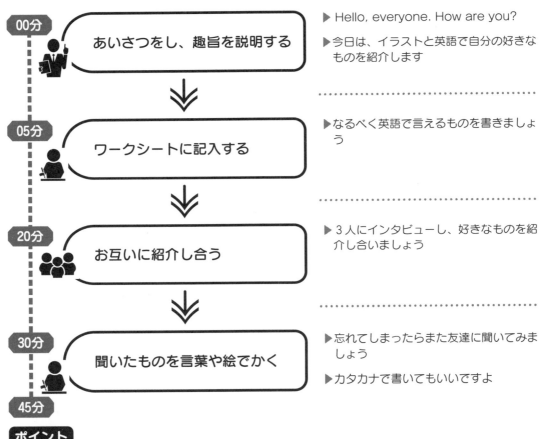

36 私の好きなもの

　ワークシートに自分の好きなもの（色、食べ物、動物）を書き込み、自己紹介をする活動です。自分の好きなものを紹介するだけでなく、友達の紹介も聞き合うことで、外国語を通して適切なコミュニケーションを図ることをねらいます。

| 準備するもの | 教師：ワークシート、辞書　児童：教科書、色鉛筆 |

00分 あいさつをし、趣旨を説明する
- ▶ Hello, everyone. How are you?
- ▶今日は、イラストと英語で自分の好きなものを紹介します

05分 ワークシートに記入する
- ▶なるべく英語で言えるものを書きましょう

20分 お互いに紹介し合う
- ▶ 3 人にインタビューし、好きなものを紹介し合いましょう

30分 聞いたものを言葉や絵でかく
- ▶忘れてしまったらまた友達に聞いてみましょう
- ▶カタカナで書いてもいいですよ

45分

ポイント
- ・個人作業が難しい場合は、ペアやグループで相談し合いながら活動すると、安心して活動できます。
- ・黒板に紹介するときの言い方の例を書いておくと、後半のグループ活動がスムーズにできます。

●参考文献・先行実践
　小学校新教育課程説明会『平成29年 6 月19日　小学校の新たな外国語教育における補助教材の検証及び新教材の開発に関する検討委員会（第 4 回）配布資料【会議後修正】』http://www.mext.go.jp/b_menu/shingi/chousa/shotou/123/shiryo/__icsFiles/afieldfile/2017/06/28/1387431_3.pdf

私の好きなもの

組（　　　　） 番号（　　　　） 名前（　　　　　　　　　　）

◆自分の好きなものを言葉や絵でかきましょう。

好きな色	好きな食べ物	好きな動物
《　　　　　　》	《　　　　　　》	《　　　　　　》

◆3人に、好きなものを聞き、聞いたものを言葉や絵でかきましょう。

さんが好きなもの	さんが好きなもの	さんが好きなもの

＜例＞

What color （food/animal） do you like?

I like _____.

37 What is this?

　画用紙に自分の好きなものの絵を描き、その絵についてグループ内でスリーヒントクイズを出し合う活動です。相手に伝わるようなヒントを考えて伝えることで、外国語を通した適切なコミュニケーションを図ることをねらいます。

準備するもの　教師：画用紙（コピー用紙などでもよい）、ワークシート　児童：色鉛筆

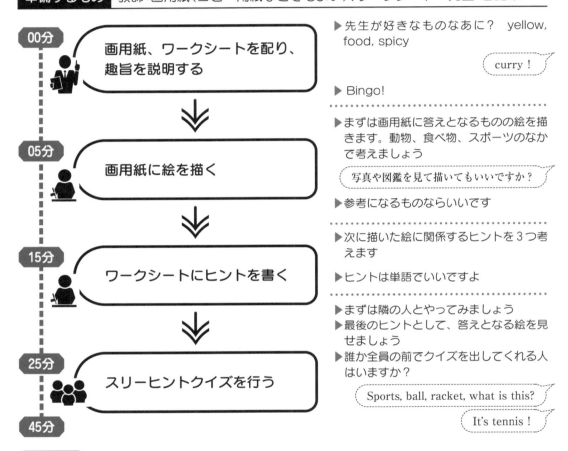

時刻	活動	説明
00分	画用紙、ワークシートを配り、趣旨を説明する	▶先生が好きなものなあに？　yellow, food, spicy　curry！
		▶Bingo!
05分	画用紙に絵を描く	▶まずは画用紙に答えとなるものの絵を描きます。動物、食べ物、スポーツのなかで考えましょう　写真や図鑑を見て描いてもいいですか？
		▶参考になるものならいいです
15分	ワークシートにヒントを書く	▶次に描いた絵に関係するヒントを3つ考えます
		▶ヒントは単語でいいですよ
25分	スリーヒントクイズを行う	▶まずは隣の人とやってみましょう　▶最後のヒントとして、答えとなる絵を見せましょう　▶誰か全員の前でクイズを出してくれる人はいますか？　Sports, ball, racket, what is this?　It's tennis！
45分		

ポイント

・絵を描くことに苦手意識をもっている児童には、先生が準備した絵や写真、教科書の絵を拡大したものなどから選んでもよいことを伝えておくと、スリーヒントを考えることに集中して活動できます。

・後半のグループ活動では、まずはペアで練習し、その後はどんどん相手を変えて交流するように促してください。

・児童の状況に合わせて、動物、食べ物、スポーツ以外でもクイズを作ってよいとすると、より難度の高い学習になります。

●参考文献・先行実践

兼重昇・佐々木淳一編著『小学校外国語活動 "Let's Try！" 指導案・評価完全ガイド』（学陽書房、2018年）

What is this?

組（　　　　）　番号（　　　　）　名前（　　　　　　　　　　　）

◆画用紙にかいた自分の好きなものについて、ヒントを３つ書きましょう。

hint 1	hint 2	hint 3

◆友だちのクイズの答えを書きましょう。

さんの答え	さんの答え	さんの答え

(38) 何曜日が空いている？

　ワークシートに1週間の予定を書き入れ、その後ペアになって相手の予定や空いている日をたずねるロールプレイを行います。活動を通して、曜日の言い方に慣れ親しむことをねらいとします。

| 準備するもの | 教師：ワークシート |

00分 趣旨を説明する
- ▶曜日を全部英語で言えるかな？
  - 〔あれ？　木曜日って何だっけ…？〕
- ▶今日は、お互いのスケジュールを合わせる活動をしてみましょう

10分 ワークシートに1週間の予定を書く
- ▶ワークシートに予定をかきます
- ▶1週間のうちどこかに free の日を作ってください
- ▶スペルがわからなければカタカナでもよいですよ

20分 友達と一緒にやりたいことを決める
- ▶公園で遊ぶ、英語の勉強をする、サッカーをする、など友達とやりたいことを書きましょう

30分 ペアになり相手の予定をたずねる

45分
- ▶質問する人、答える人に分かれて相手の予定を聞いてみましょう。何曜日が空いているか聞き出せるかな
- ▶終わったら役割を交代します
- ▶ペアを変えてどんどん練習してみましょう

ポイント
・1週間の予定は、本当の予定でなくてもよいとすると、書きやすくなります。
・自分の予定表は質問に答えるときのみ使います。質問する人は、相手の空いている曜日がわかったら、自分の予定に関係なく「Let's ～」と言うようにします（そうしないとほとんどのペアで予定が合わなくなるため）。
・クラス内で質問し合い、空いている曜日が同じ人を探すというのも楽しい活動です。

●参考文献・先行実践
小学生の新たな外国語教育における新教材関係資料（学習指導案例・第3・4学年）（文部科学省）http://www.mext.go.jp/component/b_menu/shingi/toushin/__icsFiles/afieldfile/2018/08/22/1395223_0403.pdf

何曜日が空いている？

組（　　　　）　番号（　　　　）　名前（　　　　　　　　　　）

◆ １週間の予定を書きましょう。　※どこかに予定のない free の日を入れてください。

Days	Schedule
Sunday（日）	
Monday（月）	
Tuesday（火）	
Wednesday（水）	
Thursday（木）	
Friday（金）	
Saturday（土）	

◆友達と一緒にやりたいことを決めましょう。

◆下の会話例を参考にして、相手のスケジュールをたずねてみましょう。

Naoki　：I want to play soccer with you.　What do you do on Monday?

Makoto：Monday, I go to shopping with my family.

Naoki　：What do you do on Wednesday?

Makoto：Wednesday, I study English.

Naoki　：What do you do on Saturday?

Makoto：I am free.

Naoki　：OK! Let's play soccer on Saturday!

Makoto：Yes!

39 食べ過ぎ注意！ スイーツバイキング

　スイーツバイキングを想定し、パティシエとお客さんに分かれて好きなスイーツを注文する活動です。適切なコミュニケーションの練習をしたり、数を尋ねる方法に慣れていく機会とします。

準備するもの | 教師：ワークシート

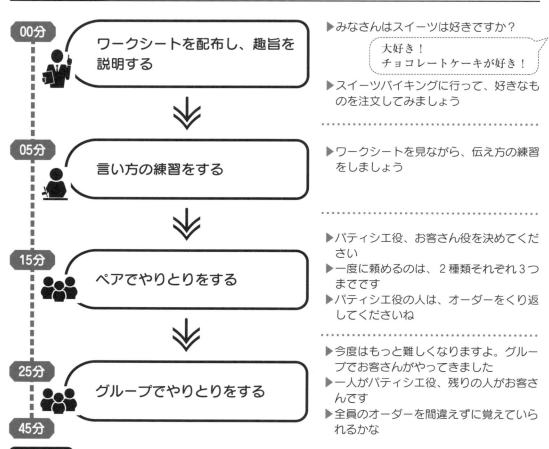

00分
ワークシートを配布し、趣旨を説明する

▶みなさんはスイーツは好きですか？

> 大好き！
> チョコレートケーキが好き！

▶スイーツバイキングに行って、好きなものを注文してみましょう

05分
言い方の練習をする

▶ワークシートを見ながら、伝え方の練習をしましょう

15分
ペアでやりとりをする

▶パティシエ役、お客さん役を決めてください
▶一度に頼めるのは、2種類それぞれ3つまでです
▶パティシエ役の人は、オーダーをくり返してくださいね

25分
グループでやりとりをする

▶今度はもっと難しくなりますよ。グループでお客さんがやってきました
▶一人がパティシエ役、残りの人がお客さんです
▶全員のオーダーを間違えずに覚えていられるかな

45分

ポイント

・ALT がいる場合は、パティシエとお客さんで役割分担しながらモデルを示すと、よりイメージがつきやすくなります。
・グループ活動の際、全員のオーダーを覚えるように促すことで、正確に伝えたり、注意深く聞いたりする力を伸ばします。
・Two pieces of cheese cake〜などというのが通常ですが、小学生の活動であることを考え、簡単な会話例にしています。

●参考文献・先行実践
小学生の新たな外国語教育における新教材関係資料（学習指導案例・第3・4学年）（文部科学省）http://www.mext.go.jp/component/b_menu/shingi/toushin/__icsFiles/afieldfile/2018/08/22/1395223_0407.pdf

食べ過ぎ注意！スイーツバイキング

組（　　　）　番号（　　　）　名前（　　　　　　　　　）

◆スイーツバイキングには、たくさんのスイーツが並んでいます。
　好きなものを注文してみましょう！

~Menu~

---

strawberry cake（イチゴのケーキ）　　cheese cake（チーズケーキ）　　pancake（パンケーキ）

chocolate cake（チョコレートケーキ）　　pudding（プリン）　　vanilla ice cream（バニラアイス）

lemon sherbet（レモンシャーベット）　　tiramisu（ティラミス）　　banana crepe（バナナクレープ）

warabi mochi（わらびもち）　　tapioca milk tea（タピオカミルクティー）

〈会話例〉

客　　：Excuse me.

店員：What do you want?

客　　：I want <u>cheese cake</u>, please.

店員：How many?

客　　：<u>Two</u>, please.

店員：Anything else?

客　　：<u>Pudding</u>, please.

店員：How many?

客　　：<u>One</u>, please.

（注文が終わったら…）

店員：<u>Two cheese cakes and one pudding</u>,
　　　　here you are.

客　　：Thank you!

40 ふしぎなにじ

外国語

94

　簡単な色の英語を言えるようになってから、それを活用する活動です。3色の虹を書いた後に、何色を使ったのかを英語で紹介することで、学習内容の定着を図ります。

準備するもの	教師：ワークシート、あれば折り紙　児童：色鉛筆

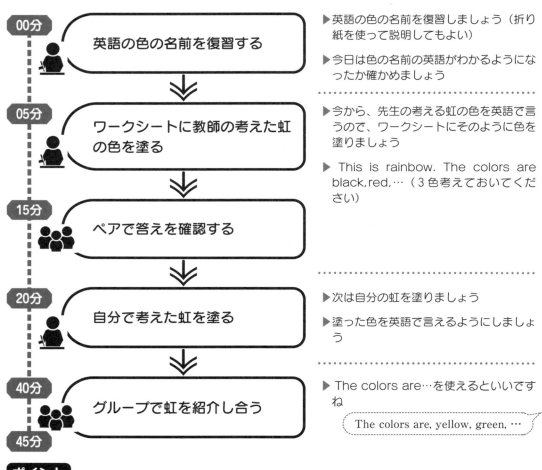

00分　英語の色の名前を復習する
　▶英語の色の名前を復習しましょう（折り紙を使って説明してもよい）
　▶今日は色の名前の英語がわかるようになったか確かめましょう

05分　ワークシートに教師の考えた虹の色を塗る
　▶今から、先生の考える虹の色を英語で言うので、ワークシートにそのように色を塗りましょう
　▶This is rainbow. The colors are black,red,…（3色考えておいてください）

15分　ペアで答えを確認する

20分　自分で考えた虹を塗る
　▶次は自分の虹を塗りましょう
　▶塗った色を英語で言えるようにしましょう

40分　グループで虹を紹介し合う
　▶The colors are…を使えるといいですね
　　The colors are, yellow, green, …

45分

ポイント

・折り紙や色鉛筆などの色の見本を説明に使うと便利です。
・児童が使う英語は「The colors are……」と色の名前です。
・形の学習をしている場合は、ワークシートに星やハートなどを書いて、「There is a star.」などを付け加えてもできます。

●参考文献・先行実践

大和田眞智子・山本淳子『小学校の英語　明日から使えるゲーム55』（三省堂、2004年）

ふしぎなにじ

組（　　　　）　番号（　　　　）　名前（　　　　　　　　　　）

◆先生が言った色をつかって、にじをぬりましょう。

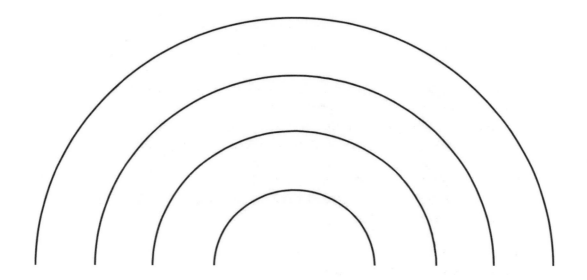

◆3色をつかって、ふしぎなにじをぬりましょう。

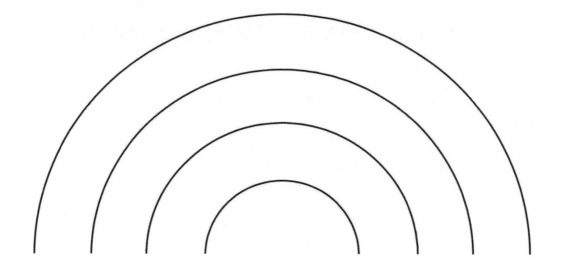

● 「小学校ラクイチ授業プラン　中学年」執筆者（◎は執筆代表、勤務先は執筆時）

◎田中　直毅　　滋賀県　高島市立高島小学校
　三浦　大栄　　岩手県　八幡平市立平舘小学校
　永井　健太　　大阪府　大阪市立磯路小学校
　草野　健　　　東京都　お茶の水女子大学附属小学校
　栖田　智文　　兵庫県　西宮市立上甲子園小学校
　山本　将司　　東京都　新宿区立落合第四小学校

実践提供：小寺祐輔先生、宗實直樹先生、益田雄大先生（from フォレスタネット）

監　　修：関　康平　開智日本橋学園中学・高等学校
　　　　　　（ラクイチ授業研究会代表）

● 本書に掲載のワークシートは、すべてダウンロードしてお使いいただけます。
　Word データですので、アレンジが可能です。
　「小学校ラクイチ授業プラン中学年」ダウンロード URL
　http://www.gakuji.co.jp/rakuichi_shougakko_chugakunen

● フォレスタネット内「ラクイチ授業プラン」特設ページ
　オリジナルの授業プランを閲覧＆投稿できます。詳細は68ページをご覧ください。
　http://foresta.education/

● ラクイチシリーズ公式フェイスブックページ
　http://www.facebook.com/rakuichi

ラクに楽しく１時間　小学校ラクイチ授業プラン　中学年

2020年 3 月13日　初版第 1 刷発行

編　著──ラクイチ授業研究会
発行者──安部英行
発行所──学事出版株式会社

　　　〒101-0021　東京都千代田区外神田2-2-3
　　　電話　03-3255-5471　　http://www.gakuji.co.jp

編集担当　戸田幸子　　　編集協力　工藤陽子／島貫良多（フォレスタネット運営）
イラスト　イクタケマコト　装　　丁　精文堂印刷制作室／内炭篤詞
印刷製本　精文堂印刷株式会社